文章を書く_{のが}
苦手な人は
「下書きメモ」
を作りなさい

Hideyo Minami
南 英世

ベレ出版

はじめに

　本書は、これまで「書く」というトレーニングを受ける機会がなかった社会人や学生の皆さんを対象に、文章を楽に書くためのエッセンスをまとめたものです。**さしあたり1000字程度の文章が書けるようになることを目標としています**。新聞記事の1本あたりの長さは400字から600字程度といわれています。ですから、1000字程度の文章が書けるようになれば、それをつないで、もっと長い文章も書けるようになります。多くの人が真っ白な原稿用紙を前に、何時間もウンウンうなりながら悪戦苦闘した経験を持っているでしょう。そんな苦しい思いをせずに文章を書けるようになるには、どうすればよいのでしょうか。

　私は40年にわたって高校で「政治・経済」を教えるかたわら、生徒に小論文の指導をしてきました。その中で、文章が書けない人に共通する原因は次の三つにあることを発見しました。本書は、この三つの原因を克服するための本です。

文章が書けない原因

❶ 心の底から訴えたいことがない

❷ 書き方（型と手順）を教えられていない

❸ 予備知識がない

　特に、①と②に起因することが多かったように思います。そもそも訴えたいことがないのに、文章が書けるはずもありません。「訴えたい」という熱い思いがあれば、それがほとばしり、文章となります。

　また、書きたいという思いがあっても、書き方を教えられていないと書けません。何事にも基本となる型（テンプレート）があり、手順があります。日本の茶道や剣道では、修行の一つとして「守・破・離」という段階があります。初級者はまず師匠から教わった「型」を学んでそれを「守り」ます。その後、他流派のよいところを取り入れ、「型破り」といわれる成長をします。そして最上級者ともなれば、師匠の教えから離れて「独自の境地」を目指します。これは、芸術、料理、スポーツなど、どの分野でもいえることです。文章を書くという修行も全く同じです。まずは**基本となる「型」と「手順」をマスターすること**です。

　さらに、書きたいという思いがあっても、関連する予備知識がなければ文章は書けません。材料がなければ料理を作ることができないのと同じです。書くためには最低限の予備知識、それも体系化された幅広い予備知識が必要です。

実は、そのほかにもう一つ大切なことがあります。それは、**文章を書き始める前にきちんとした全体像（設計図）を作っておく**ことです。建物を建てるときには、事前に設計図を用意しておくのと同じです。書き始める前にきちんと設計図を完成させ、いざ書き始めたら最後まで「一気呵成」に書き上げます。途中で立ち止まると乱れが生じます。だから立ち止まることがないように、書き始める前に全体像を作っておく必要があるのです。一般に、文章作成能力が高い人ほど、書き出す前の事前の設計図作りに多くの時間を割きます。文章を書くのが苦手だという人の多くは、全体像を完成させる前に書き始め、書きながら考えています。これでは書いている最中に行き詰まって、書くのが苦しくなってしまいます。

では、書き始める前に、どのようにして全体像を完成させたらよいのでしょうか。実はその点が、文章を書く際の最も重要なポイントです。この本を書きたかった最大の理由も、この全体像の作り方を紹介したかったからです。私が編み出した方法は、

「下書きメモ」を作る

というものです。紙はなるべく大きいもの（Ａ４以上）を使い

ます。乱雑な字で構いませんから、とにかく連想ゲームのように、知っている知識をどんどん書き出すのです。そして書き出した中から必要な材料を選択し、書く順番を決め、ストーリーを作っていきます。「下書きメモ」の作成こそが文章を書く秘訣といっても過言ではありません。

　文章の書き方に関する本は世にたくさんあります。しかし、「下書きメモ」の重要性に着目した本はほとんどありません。「下書きメモ」を書く要領を身につけると、文章を書く力が飛躍的に伸びます。これまでの経験から、私はそのことを確信しています。書き手からすれば、「下書きメモ」は自分の思考過程を他人にさらすことになるので、できれば人に見せたくはありません。しかし、この水面下の思考過程を改善しないと、書く力が身につかないのです。立派な木は根っこがしっかりしています。文章についても同じことがいえます。

　現代は誰でもネット上で発信できる時代です。発信することによって次のようなことが期待できます。

　① 自分の意見を整理し、自分自身を高めることができる
　② 自分の存在を他人に知ってもらうことができる
　③ 自分の新たな人生が切り拓かれる可能性がある

私自身、高校の一教員でありながらこのような出版の機会に巡り合え、新聞やＥテレに紹介されたのも、元はといえば、私の書いたホームページを担当者が見て声をかけてくれたからでした。

　文章が書けることは、すべての人に必要なスキルです。この本ではそのための方法を紹介しています。少しトレーニングをすれば、誰でもそのスキルを身につけることができるように工夫しました。書くのが苦手だった人も、本書を読み終える頃には楽しく文章作成ができるようになっているはずです。

　それではトレーニングを始めましょう。

目　次

第 **3** 章 文章が苦手な人は 「下書きメモ」を作りなさい

第 **4** 章 書いてみよう

第 **5** 章 わかりやすい文章とは？

第 ① 章

日本人が文章を
書けない三つの理由

心の底から訴えたいことがない

　小学生が最も嫌う夏休みの宿題の一つが読書感想文だそうです。一般に日本人は、文章を書くのが苦手だといわれます。なぜでしょうか？　理由の一つは、心の底から訴えたいことがないからだと私は考えています。

　日本では伝統的に「和」を重視する傾向があります。かつて聖徳太子は「和をもって貴しとなす」といいました。他人と違ったことをいうと白い目で見られ、周りから浮いてしまいます。だから自分の意見は封印してしまいます。会議での決定が「全会一致」によることが多いのはそのためです。まさに「沈黙は金」なのです。その場の「空気を読んで」、たとえ異なる意見を持っていたとしても、ストレートにいわない。「空気を読む」文化は、人間関係を円滑にするために生まれた日本独特の文化といえます。

　和を極端に重視するこうした態度は個人の行動を委縮させ、和を乱すものを排除する日本社会の特徴につながっていきま

す。そして、このことが日本社会における無言の同調圧力を生み出す要因になっていきます。かつて「赤信号、みんなで渡れば怖くない」という言葉が流行語になりました。

　他人と同じことをすることによって安心する、他人と同じ行動をとることは私たちの日常生活の中でも当たり前になっています。例えば、４人でレストランに行ったとします。注文を聞かれて１人目が

「私はウナギ」

というと、

「じゃ、私も」

「うん、オレも」

となることはよくあります。

「出る杭は打たれる」という格言があります。日本ではなるべく打たれないように、打たれないようにと、自分の意見を押し殺して生きることが「美徳」とされてきました。そうした社会的背景が、心から訴えたいことを奪い、書くことを苦手にしてしまったのではないでしょうか。

②

書き方（型と手順）
を教えられていない

　文章が書けないもう一つの理由として、日本の学校では作文指導がほとんど行われていないことが挙げられます。つまり、文章の書き方を教えられていないのです。文部科学省の定める学習指導要領に書いてあるのは文章の読解や鑑賞ばかりで、作文指導に関する記述はほんのわずかです。しかし、名画の鑑賞ばかりしていても絵がうまくならないのと同じで、名作の鑑賞をいくらやっても書く力は身につきません。

　皆さんも、小・中・高・大を通じて、たとえ書く機会があったとしても、文章の書き方に関する指導を受けた記憶はほとんどないのではないでしょうか。その結果、日本人の書く作文は、ほとんどが起きたことを時系列的に書き並べたものになり、「そして」が羅列された文章になります。

　夏休みの課題の読書感想文も全く同じです。何を書いてよいかわからず、延々とあらすじを書いて文字数を稼ぎ、提出すれば検印が押されて返ってくるだけです。書き方の指導を受ける

機会は全くありません。ある生徒が、「高校に入学してから、長い文章を書かされたことは1回もなかった」と話してくれたことに、私は驚きを禁じえませんでした。結局、社会に出るまで文章を書くトレーニングをする機会がないまま大人になってしまうのが日本の現状なのです。

ところが、アメリカでは全く異なります。アメリカでは「一人ひとりが違って当たり前」という考えが定着しており、他人と違った意見を自由に発言することが普通に行なわれます。それは大学の授業のやり方にも表れます。日本では先生の講義を一方的に聞くのが一般的ですが、アメリカでは学生と先生が双方向のやり取りを行ないながら授業が進められます。例えば、ハーバード大学サンデル教授の白熱教室をテレビでご覧になられた方もいると思います。先生は学生を指名し、どんどん質問していきます。成績評価もテストが75％で残り25％は授業での発言記録で行なわれますから、学生もよい評価を得るために積極的に質問します。ほかの人に先を越されて、あとから同じ意見をいっても評価されません。だから意地でもほかの人と同じ意見をいわないのがアメリカ流です。

また、作文教育に関しても、アメリカでは小学校1年生から作文（writing）の授業があり、書くための**型（テンプレー**

ト）が教え込まれます。小学校から始まった作文教育は中・高
6年間、さらには大学生になっても続きます。他人と違った意
見を持ち、それを表現するための作文指導が行なわれる。日米
の指導法には大きな違いがあることに気づかされます。

③

体系的な予備知識が不十分

　以上、文章を書くには、「**訴えたいことがあること**」「**型と
手順を覚えること**」の二つが必要であると述べてきました。こ
の二つがあれば、誰でも一応それなりの文章を書けるようにな
ります。しかし、それだけで読む人を感心させる文章を書ける
ようになるかと問われれば、答えは“NO”です。なぜなら、よ
い文章を書くには、そうしたスキルだけではなく、さらに「**体
系的な予備知識**」「**幅広い教養**」といったものが不可欠だから
です。例えば、次の文章を読んでみてください。

「<夏がくれば思い出す　はるかな尾瀬　遠い空>。1949年の流行歌「夏の思い出」（江間章子作詞）である。湿原の情景を心に運ぶ歌の人気も手伝って、多くの観光客を呼び寄せてきた▼尾瀬国立公園にトイレは18カ所。だが下水道はない。汚泥を乾かし、空輸するのに1カ所に年1千万円はかかる。1回100円を集める箱を置いたが、センサーで数えた使用者から割り出した支払額は1回平均24円。4人に3人が不払いだ▼尾瀬保護財団は、政策研究NPOのポリシーガレージと対策を練り、昨夏から20日間ずつの実験を始めた。まず試みたのは役所風ポスターの撤去だ。「維持管理協力金をお願いします」式の呼びかけ文を一掃し、料金箱だけを置いたが、変化はなかった▼次に「好きな尾瀬は夏と秋どっち？」と尋ねた。回答ごとに分けた箱に1票100円を投じてもらったが不発に終わる。成果が出たのは女児のつぶらな瞳を大写しにしたポスター。支払額は平均34円へ跳ね上がった。「他人の目、特に次世代の眼を意識したのかもしれません」と財団事務局長の石井年香さん（52）は話す▼英語で「そっと突く」を意味するナッジという考え方を利用した実験だ。強制や対価によらず行動を促す。有名なのは小用トイレに標的を描くことで清掃費が激減した例だ。心理学や行動経済学の知見を生かし、心に届く呼びかけ方の模索が続く▼尾瀬はいまニッコウキスゲの見ごろ。訪れる機

会にはどうか100円硬貨をお忘れなく。」

（朝日新聞「天声人語」2022年 7 月26日）

尾瀬

　天声人語は603文字、五つの▼、六つの段落で構成され、筆者はこの短い文章の中にメッセージを込めます。トイレの処理に年に 1 億 8 千万円かかり、その費用をどうやって賄うか。多くの人が知っている小用トイレの標的を例に、心理学や行動経済学にまで話が及んでいます。筆者の博学ぶりには驚くばかりです。

　天声人語の書き手は日本でも指折りの書き手です。たとえ訓練を積んだとしても、誰もがこうした文章を書けるわけではあ

りません。先の例から、およそ文章を書くという行為の背景には、膨大な予備知識が必要であることがおわかりいただけたのではないでしょうか。

　私たちは普段、テレビ、インターネット、新聞、雑誌などからたくさんの情報を仕入れています。こうした情報を通して世の中の動きをそれなりにつかんでいます。しかし、こうした情報から世の中を「知る」ことはできても、「理解」することはできません。「点」としてのバラバラな情報をいくらたくさん持っていても、文章には結びつきません。日々の情報を分析し、自分なりの主張（＝訴えたいこと）を文章で表現するには、「点」としての情報を「線」として結びつける力が必要です。そのためには、日々の情報の背後に存在する**体系的な予備知識や幅広い教養**が欠かせないのです。

　ここで、あらかじめこの本全体のイメージをまとめると、次ページの図のようになります。すなわち、①の「訴えたいこと」があっても、②の「書き方」を知らなければ書けません。このことについては本書の第2〜5章で説明します。

　では、書き方のノウハウを身につければ文章が書けるようになるかというと、実はまだ不十分です。書き方は書くための必須知識でしかありません。さらに、③の「体系的な知識と幅広

い教養」が加わらないと、よい文章は書けません。「では何について書くのか」となったとき、内容を作るのが③の「幅広い知識と教養」だからです。何も関連知識がない人の書いた文章が、知識と教養を備えた人の文章に及ぶわけがありません。③については第6章で詳しく論じるつもりです。

① 訴えたいこと

② 書き方（型と手順）第2〜5章

③ 体系的な知識＋幅広い教養　第6章

⊙⊙⊙ 件名・結論・詳細

　NHKのニュース原稿にもテンプレートが使われているのをご存知でしょうか。一般に次のような形式をとります。

1．まず、件名を述べる「～についてです」
2．結論を述べる
3．詳細について説明する

　例えば、
「火災のニュースです」
「昨夜、大阪市で火災があり、2人が行方不明になっています」
「以下、詳細を伝える……………………………………」

　最初に件名を伝えることによって、相手に聞く構えを作ってもらいます。次に結論を簡潔に述べ、最後に詳しい内容を紹介します。「件名」「結論」「詳細」と覚えておいてください。この基本パターンは、口頭で誰かに連絡する場合にも応用できます。件名の例をいくつか挙げておきます。

「〜についての連絡です」

「〜についての報告です」

「〜のお願いです」

「〜についての相談です」

「〜についてのクレームです」

「〜についてのお詫びです」

　上司に対する連絡も、先生が生徒に行なう連絡も、「件名・結論・詳細」ですっきり伝わります。

　ちなみに、伝えたい情報を精選することも大切です。絵を描くときに伝えたいメッセージを強調するために余分なものを省略するのと同じです。話す内容は詳しければよいというものではありません。件名・結論・詳細、そして精選。ぜひ、皆さんも試してみてください。「報連相（報告・連絡・相談）」の仕方が劇的に変わります。

第 ② 章

文章を書くための型と基本手順

① 特定の誰かを意識して書く

　文章を書くとき、漠然と不特定多数の人に向かって書こうと
すると、なかなか文章が浮かんできません。そういうときは、
誰か特定の人に向かって「語りかける」つもりで書くと案外う
まくいくものです。

　文章は基本的に、誰かに読んでもらうために書くものです。
相手が上司なのか、同僚なのか、友人なのか。それによって言
葉遣いが違ってきます。また、相手が専門家なのか、多少は予
備知識を持っている人なのか、それとも全く予備知識を持って
いない人なのか。それによっても説明の仕方が変わってきま
す。

　専門家が相手なら、専門用語を使って書いたほうが正確かつ
迅速に伝えることができますし、多少の予備知識がある人な
ら、それを前提に書くことができます。しかし、全くわかって
いない人に向かって書く場合は、簡単なことでも丁寧に説明す
る必要があります。このように、読み手のことを常に意識して

書くことが大切です。

　ちなみに、この本は「文章を書くのが苦手な人」を対象に書かれています。ほとんど文章を書いたことがなく、大学生になってレポートや論文を書かなければならなくなったり、社会人になって突然、報告書や提案書の作成を求められたりして困っている人に向けた内容になっています。

伝えたい相手をイメージしながら書く

② 型を覚えると楽に書ける

　テンプレート（英: template）とは、「型板」や「鋳型<ruby>鋳型<rt>いがた</rt></ruby>」という意味です。文章を書くとき、自由に書きなさいといわれても、初心者にとっては「何を」「どんな順番」に書いていけばよいのかわかりません。そこで、使うのがテンプレートです。テンプレートに当てはめて書くと、説得力のある文章を速く書けるというメリットがあります。この節では、文章を書くための基本的な型についてお話ししたいと思います。

1 昔からある「起承転結」

　日本で教えられる唯一の型は「起承転結」と呼ばれるもので、ジャンルを問わず推奨されます。起承転結はもともと中国の絶句（四行からなる短い詩）と呼ばれる漢詩の組み立て方でした。「起」で話題を提供し、「承」で深掘りする。そして「転」でガラッと違う話題に転換し、最後の「結」で締めくく

ります。このテンプレートは四コマ漫画や、話し上手な人のスピーチによく使われます。よく引き合いに出される代表的なものとして、次の例があります。

起	京の三條の絲屋（いとや）の娘、
承	姉は十八、妹は十五
転	諸国大名は刀で殺す、
結	絲屋の娘は目で殺す

　今でも多くのドラマや小説でこの手法が使われています。たいていの場合、「転」のところで視聴者の予想を裏切るような仕掛けが組み込まれます。あいつが犯人に違いないと思わせておいて、実はそうではない。そして「結」になだれ込む。その際、「結」の直前に、主人公が殺されるかもしれないというような波乱を入れておくのが鉄則です。そうすれば最後のハッピーエンドの喜びが倍増して、視聴者はすっきりした気分を味わうことができます。起承転結の手法は「転」のところに筆者の大きな自由度があって、ストーリー性のあるものを書くときの手法として非常に優れているといえます。例えば次の文章を読んでみましょう。

「モナ・リザ」などの絵画で知られるレオナルド・ダビンチは、芸術だけでなく科学や技術の分野でも才能を発揮した。その片鱗（へんりん）は、30歳のときに職を求め、ミラノ公国の君主に書いた手紙からもうかがえる▼自分には戦争に役立つ技術があると訴え「運搬容易な大砲」「堅牢な戦車」などがつくれるとした。平和なときには大建築物や彫刻を手がけるし、絵の技量も「他の何びととでも御比較あれ」と記した（『レオナルド・ダ・ヴィンチの手記』）▼興味の赴くまま、天文学や解剖学などにも手を広げた人である。後世の人々から驚きをもって「万能人」と呼ばれたのは、芸術も科学も専門化、細分化が進んだことの裏返しだろう。もしかしたら野球の世界も、それに近いものがあるかもしれない▼エンゼルスの大谷翔平選手がアメリカン・リーグの最優秀選手（MVP）に選ばれた。満票での選出という快挙は、万能ぶりへの驚嘆からだろう。「投打兼任は成功しない」「投手が盗塁などもってのほか」といった常識を覆していった▼「本当に純粋にどこまでうまくなれるのかなと、頑張れたところが良かった」という大谷選手の弁は、ひたすら真っすぐである。大リーグではすでに、自分も二刀流を、という選手が現れているという。おそらく未来の選手となる子どもたちの間にも▼何かのために別の何かをあきらめる。そんな生き方とは違う道を大谷選手が示してくれた。一人ひとりが

もっと欲張って、楽しんでもいいのだと。

（朝日新聞「天声人語」2021年11月21日）

　レオナルド・ダビンチから書き起こし（起）、第2段落でさらに深掘りし（承）、「転」で500年の時空を一気に飛び越えて大谷翔平選手の話題を取り上げ、最後は「もっと欲張って楽しんでもいい」というメッセージで締めくくっています。**朝日新聞の場合、一文の長さは60字以内を原則としている**と聞いたことがあります。短い文でテンポよく展開する見事な書きぶりです。

　こうしたエッセイを読むとき、「起・承」の部分を読み、「転」でどんな展開になるかを予想しながら読むのも楽しいものです。一般に「起・承」から「転」へと展開する方法には、いくつかのパターンが見られます。

起・承		転
・過去の事例（歴史）	➡	現代の事例
・ことわざ	➡	具体例
・具体例	➡	抽象化
・問題点の指摘	➡	解決に向けた取り組み

2 世界標準は「主張・本論（根拠）・結論」

　日本で人気のある起承転結も、アメリカでこの手法を用いてエッセイ（小論文）を書くと信じられないような低い評価をされてしまいます。なぜなら文章の構造が全く異なるからです。

　アメリカで使用される型（テンプレート）は、最初に自分の主張を述べ、次にその主張の根拠を三つ挙げ、最後にもう一度最初の主張を繰り返す、というものです。アメリカ流のこの書き方は、今やほとんど世界標準となっています。アメリカでこうしたテンプレートが発達したのは、文化が異なる人間が集まってできた国だからです。そもそもエッセイ（小論文）とは、人を説得するための技法です。文化が異なる人を説得するために、自分の主張とその根拠を効率的な形で示す。これがアメリカ流です。具体的には、

　　（　主張　）………… 私はこういうことを主張したい
　　（　本論　）………… その根拠は以下の3点である
　　　　　　　　　　　　 根拠1
　　　　　　　　　　　　 根拠2
　　　　　　　　　　　　 根拠3
　　（　結論　）………… だから私の主張は妥当である

ロジカルな
塔を建てよう

主張

根拠3
根拠2
根拠1
主張

ここから
のぼるぞ!!

結論

読者（読み手）

文章構造を考える

　というものです。全部で5部構成です。各パラグラフを書い
て、全体を積み木のように積み上げるイメージです。こうした
書き方を小学校1年生から中・高、さらに大学でも習います。
実は、こうしたやり方は、普段私が高校生に行なっている指導
と全く同じです。私はこの方法を、たくさんの生徒に対する小
論文指導から独学で見出しました。この本では、アメリカ流の
テンプレートを中心にしながら、私が考案した独自の手法を説
明したいと思います。

　アメリカ式テンプレートのよいところは、結論（＝主張）が
最初に示されることです。一方、起承転結は、結論が最後に来
ます。そのため日本人がアメリカに留学し、起承転結で作文を
書くと、「主張が最後までわからない」として低い評価になっ

てしまいます。

　日米のこうした文構造の違いは、小学生の作文にも表れます。日本の小学生は時系列で、and、and、andとつないで作文を書きます。一方、アメリカの小学生は「昨日は充実した1日だった」とまず結論を書き、そのあと、理由を第一に……、第二に……と書き、最後にもう一度「だから昨日は充実した1日だった」とconclusion（結論）を書きます。歴史を記述する場合も時系列的には書きません。「なぜ 〜 が起きたのか、その原因は？」と問い、その理由を記述します。つまり、"Why？" "Because" の連鎖で歴史を記述していきます。

作文と論文の違い

　起承転結型の文章とアメリカ流の「主張・本論（根拠）・結論」というタイプの文章の根本的な違いは、**主張と根拠が明確に述べられているかどうか**にあります。例えば、次の文章を見てください。

> 「このバラの花は美しい。」

　短いですが、これはこれで立派な作文です。もし、これを論文仕立てにするとどうなるでしょうか。**論文とは自分の主張と**

その根拠を書いた文章をいいます。主張だけではなく、その「根拠」も示されていなければなりません。例えば、

> 「このバラの花は美しい。なぜならば第一に、100人にアンケートをとったら98人が美しいと答えたからである。第二に、このバラは有名な国際コンクールで賞を取ったからである。以上の二つの理由から、このバラの花は美しいと結論づけることができる。」

　このように、明確な主張とそれを裏付ける根拠があり、読み手を納得させることができる文章が論文です。アメリカのwriting指導も、基本的には論文仕立ての形式です。

3 日本流「主張・根拠・結論」

　最近は、日本でも「主張・根拠・結論」というアメリカ流の文章作成指導が行なわれるようになってきました。ただし日本の場合、自分の主張を一方的に述べるのではなく、対立する主張にも配慮を示したうえで、「でも、私の主張のほうが正しい」と結論づけるやり方が推奨されています。すなわち、最初に「Aという考え方」を示し、次に「Bという考え方」に理解

を示しつつも、結論としては「やはりAの考え方のほうが妥当である」という結論にするわけです。対立する主張にも一定の理解を示すというところに、和を尊ぶ姿勢が表れているといえます。

4 フランス流「正・反・合」

　現代はアメリカ流のテンプレートが世界標準だと書きましたが、そのほかにフランス式の書き方も参考になります。フランス式の場合、まず「Aという考え方」が示され、次に「Bという考え方」が示され、そして、いろいろ検討した結果、最後に「Cという結論」に達して終わります。AでもBでもなく、それらを総合したCという結論に導かれるところに特徴があります。これは弁証法の「正」「反」「合」を応用したものといえます。ちなみに「弁証法」というのは「対立する二つの事柄を合わせることにより、高い次元の結論へと導く思考法」のことで、これによりよりよい解決方法を見つけ出そうとします。

● 実践例 去年1年の自分を漢字1字で表す ●

　まずは初級編です。最初は400字程度の短い文章を書く練習をしましょう。その後、次第に長い文章（1000字程度）に挑戦していきます。

> 　あなたにとってこの１年がどんな年であったかを漢字１文字で表し、それについて400字程度でまとめてください。全体の構成は序論・本論・結論とします。

　毎年12月になると「今年の漢字」が発表されます。それにヒントを得て「自分にとっての1年」を漢字1字で表し、400字でまとめるというテーマを設定してみました。使用するテンプレートは「序論・本論・結論」とします。ただし、字数が400字と短いので根拠は一つか二つで構いません。

```
┌─( 序論 )…………主張
│ ( 本論 )…………根拠１
│               根拠２
└─( 結論 )…………主張をもう一度繰り返す
```

求められている要件は、「漢字1文字」と「その漢字を選んだ理由」です。そこで、以下の手順で作業を進めます。

【 手順 】

❶ この1年を振り返って、思い浮かぶ漢字1字をイメージする。

❷ その漢字を取り上げた理由と、それにまつわるエピソードを挙げる。

❸ これからの1年をどんな年にしたいかを考える。

　ここでは、次のように決定したとします。

❶ 漢字を「習」とする。

❷ 理由は、日本画とエレクトーンを習い始めたから。

❸ もっと上手になって、みんなの前で発表できるようになりたい。

　続いて、序論・本論・結論というテンプレートで構成を考え、さらに大雑把な字数の割り当てをします。例えば、序論100字、本論200字、結論100字くらいと決めます。最初に字数の割り当てをするのは、全体のバランスをとるためです。

　そして字数の割り当てを決めたら、原稿用紙のこの辺まで
が序論、この辺りまでが本論、結論はこの辺りからと印をつ
けておきます。実際にはこの通りにならないかもしれません
が、だいたいの目安を作っておくとバランスがよくなりま
す。序論、本論、結論という三つのパートに分けるのは、大
きな仕事を一つひとつの小さな仕事に分割し、それらをつな
ぎ合わせて全体を完成させるという手法と同じです。

　さて、ここまでの準備ができたら、いよいよ書き始めま
す。文体は「〜である」調に統一します。一般に400字以内
の場合は改行しなくても構わないと説く本もありますが、今
回はわかりやすくするために序論、本論、結論で改行しま
す。

序論　100字

　毎年12月になると「今年の漢字」が発表される。去年の
１位は「密」であった。世界中が新型コロナウイルス感染
症の影響を受けたからである。私の場合、この１年間を漢
字１文字で表すなら「習」になる。

　私がこの漢字を取り上げた理由は、趣味として日本画と
エレクトーンを習い始めたからである。
（日本画とエレクトーンにまつわるエピソードを紹介す
る）

　以上のような理由から、私のこの１年間は「習」だった
と表せる。これからの１年はもっと腕を磨いて、みんなの
前で披露できるようになりたい。

　実際に原稿用紙に書いた例を次ページに示します。

　テンプレートを使って書くやり方はいろいろ応用が利きま
す。類題を挙げておきますので、挑戦してみてください。

【 類題 】

1．私の昨日の1日を漢字１文字で表すと………

2．私の父（または母）を漢字１文字で表すと………

3．私のふるさとを漢字１文字で表すと………

　毎年12月になると「今年の漢字」が発表される。去年の1位は「密」であった。世界中が新型コロナウイルス感染症の影響を受けたからである。私の場合、この1年間は「習」という漢字で表すことができる。

　私がこの漢字を選んだ理由は、新たに二つの習い事を始めたからである。一つは日本画、もう一つはエレクトーンである。両方ともずっと前から興味を持っていたが、なんとなく敷居が高く感じられて躊躇していた。しかし、コロナ禍で家に閉じこもることが多く、この際、家の中でもできるこの二つを習ってみようと思った次第である。習い始めると両方とも非常に面白く、時間がたつのも忘れる。世の中の景色が違って見えるようになり、音楽の美しさに心が震える。おかげで人生がずいぶん豊かになった。

　以上のように私のこの1年間は「習」という漢字で表せる。これからはもっと腕を磨いて人前で披露できるようになりたいと思う。

20 × 20

原稿用紙での実例

文章を書くための手順
—— 五つのステップ

● **基本手順**

　さて、ここからは、より一般的な文章の書き方について説明します。ここでは練習の第一歩として、次の三つの条件のもとで文章を作成する方法を紹介します。

【条件】

> ❶ 論述のテーマが与えられている。
> ❷ 800 字以内で書く。
> ❸ 調べることが許されない。つまり、いま自分が持っている知識だけで書く。

　このような厳しい条件のもとで文章を作成しなければならないケースは、**大学や大学院の入学試験、定期考査、資格試験や昇任試験**などが想定されます。こうした厳しい条件のもとで文

章を書くトレーニングを積んでおくと、さらに上の段階である「調べて書く」「自分でテーマを見つけて書く」といったことも無理なくできるようになります。

　文章には、200〜300字程度の短いものから原稿用紙数百枚に及ぶ長いものまでいろいろあります。しかし、**短くても長くても文章を書く手順は変わりません**。ここでは字数制限として800字（400字詰め原稿用紙2枚）を想定しました。これまでの指導経験から、最初に練習する長さとしてはこれくらいがちょうどよいと思います。

　次に、作成手順を大まかなフローチャートとしてまとめておきました。ステップ1〜5の手順のうち、特に重要なのはステップ1〜3です。**3の「全体の構成」ができた段階で、頭の中では原稿がほぼ完成**していなくてはなりません。あとはマス目を埋め、構想を文章化する「作業」です。作成手順の五つのステップについては、次の第3章で詳しく説明します。

作成手順のフローチャート

ステップ1 ……… 下書きメモを作る

> **知識の整理をする**
> 知っていることを思いつくままにすべて書き出す

ステップ2 ……… 何を主張したいかを明確にする

> **結論を決定し、短い文にする**

ステップ3 ……… 全体の構成を考える

> **文章全体の構成（設計図）を作る**
> 序論 ……
> 本論 ……
> 結論 ……

ステップ4……… 文章を書き始める。書き始めたら最後まで一気に書き上げる

一気に書く

ステップ5……… 推敲する

・序論と結論が対応しているか
・論理構成が明確か
・わかりやすい日本語になっているか
　など

第 ③ 章

文章が苦手な人は
「下書きメモ」を作りなさい

① 下書きメモを作る ── ステップ1

「文章は五つのステップで書け」というのが私の主張です。なかでも最初の「下書きメモを作る」というステップはとりわけ重要です。**これまでの経験から、文章が苦手な人も下書きメモの作り方の要領をマスターすると、飛躍的に書く力が伸びていきます。**

　文章を書く際、自分でテーマを設定する場合と、あらかじめテーマが与えられる場合がありますが、ここでは前章に引き続き、テーマが与えられ、しかも調べることが許されないという厳しい条件のもとで文章を書く方法を説明したいと思います。

1 手を動かす

　テーマが与えられた場合、関連する知識は多いに越したことはありません。しかし、多くの場合、テーマに関する予備知識がほとんどなく、どこから手を付けてよいのかわからなくなる

というのが普通です。

　そこでオススメしたいのが、「手を動かす」という方法です。**手は第二の脳**です。まず、大きな紙（A4以上）を用意し、その紙に知っていることや思いついたことをどんどん書き出します。いわば、1人で行なう**ブレーンストーミング**です。

> 知識の整理をする
>
> 大きな紙にテーマに関連することを思いつくままに書き出す。

　パソコンでこれを行なう方法もありますが、私は鉛筆を使って紙に書き出す方法でやっています。理由は三つあります。第一に、手を動かすと脳が活性化します。第二に、書いた内容をマルで囲ったり矢印で関連付けたりして、内容を整理することができます。第三に、スペースが広いので、自由に書き足すことができます。

　一般に、**文章が苦手な人は頭の中だけで考える**傾向があります。これに対して文章が得意な人は、ともかくよく手を動かし

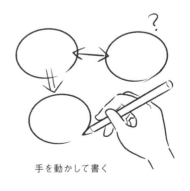

手を動かして書く

ます。不思議なことに、何か一言でも書くと、それがヒントとなって連想ゲームみたいに次々にアイディアが湧いてきます。だまされたと思って一度試してみてください。

● 下書きメモこそ文章の土台

　私の自宅の近所にタワーマンションを建てている工事現場がありました。3年前から基礎工事に取り掛かり、このほどようやく竣工しました。この工事現場を見ていて驚いたのは、基礎工事にものすごい時間をかけていたことです。何事も基礎が大切だとはよくいわれますが、こんなにも時間をかけて基礎工事をやらないと、ちゃんとした建物は建たないのかと改めて感心しました。

　文章を書く場合も同じです。書かれた文章の表面をいくらい

マンションの基礎工事現場

じっても文章力は向上しません。書き始める前の根っこの部分、すなわち「下書きメモ」の部分が一番大切なのです。通常、下書きメモが公開されることはありません。なぜなら、下書きメモは思考プロセスを文章化するものであり、なるべく表に出したくないのです。しかし、**書き始める前の下書きメモの段階にこそ文章を書くための秘密が隠されている**のです。下書きメモを書くときのポイントを二つ挙げておきます。

下書きメモを書く際のポイント

① 下書きメモは乱雑な字で構いません。頭にひらめいた一瞬を逃さずに文字にしていくため、きれいに書くことはむしろ有害です。

② 下書きメモは、最初は単語を書き連ねるだけでもよいのですが、なるべく単語ではなく「文章」で書くようにしてください。なぜなら、下書きメモは「思考を深める」ための手段だからです。下書きメモで書き出した文章を一つひとつつないでいくと、一つのまとまったパラグラフになるようなメモの取り方がオススメです。

ここで、初心者の方が実際に書いた下書きメモをお見せします。「読書の効用」について書いてもらったときのものです。頭に浮かんでくることを連想ゲームのように一生懸命メモをして、大変よく書けています。ただ、メモが単語の羅列（られつ）になっている点が気になります。単語の羅列だと思考が深まらず、これをもとに文章を書こうとしても、なかなかスムーズに文章が出てきません。

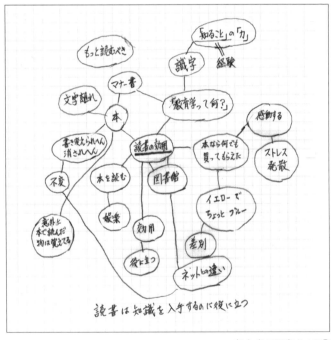

初心者の下書きメモ①

　もう一枚お見せします。これも初心者の方が書いたものですが、こちらの方はマルで囲ったり、矢印で因果関係を示したり、いろいろ工夫が見られます。たとえ時間がかかっても、下書きメモを文章で書く癖をつけると、文章を起こすのが驚くほど楽になります。あと一歩です。

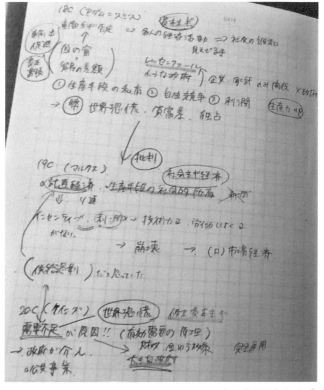

初心者の下書きメモ②

では、私が書いた実際の下書きメモをお見せします。次のメモは、この本の「はじめに」の一次原稿を執筆したときのものです。原稿はその後何度も修正していますが、最初はこの下書きメモから始まりました。用紙はB4サイズです。

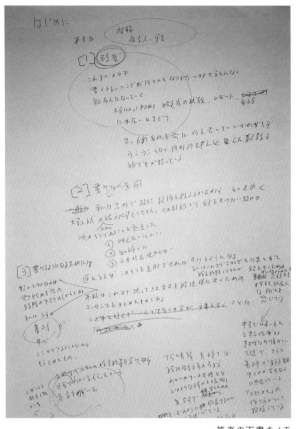

筆者の下書きメモ

　もちろん、書き慣れてくると、単語を並べるだけでも書けるようになります。結婚式などのスピーチでは、完全な文章を書いておくより、話す項目だけをメモしておいたほうが話しやすいのと同じです。しかし初心者のうちは、単語ではなく文章で下書きメモを作ったほうが、次に文章を起こす作業がウンと楽になります。

② 下書きメモを作る際の発想のヒント

　下書きメモは、自分が持っている知識を整理し、それを深めるためのものです。連想ゲームのように、思いついたことを次から次へと書き出します。私の場合、アイディアを生み出す出発点として、次のような視点を大切にしています。これらは私が長年かかって編み出した魔法のテクニックです。皆さんもぜひ使ってみてください。

❶ 大きなくくりで考える

　この方法は文章を書くときの一番基本となるやり方です。例えば「現状」「問題点」「対策」「今後の課題」というように、大きなくくりで整理します。汎用性がありますので、ぜひやってみてください。

❷ 物事を因果関係で考える

　物事はxが原因となってyという事象が起きると考えられることがたくさんあります。これを数式で書くと　$y＝f(x)$となります。この関係は自然科学のみならず経済現象や歴史などにも応用できます。つまり、物事を "Why?"（なぜ） "Because"（なぜなら）という因果関係として考えるのです。この習慣が身につくと、面白いように次々とアイディアが湧いてきます。

❸ 二項対立で考える

　世の中には二分法で考えるとわかりやすいことがたくさんあります。多くの人が支持する「通説」に対して「少数説」があるように、主要な二つの考え方を対比しながら論点を整理します。

二項対立

❹ 時間軸で考える

「歴史は繰り返す」「賢者は歴史に学ぶ」という言葉があります。過去にも同じようなことがなかったか、どういう経緯でそうなったのか。歴史を紐解（ひもと）けば、参考になるヒントがたくさん

あります。

　例えば、日本では「憲法」は国民が守るものだと誤解している人がたくさんいます。しかし、憲法が成立した歴史を調べれば、憲法は「国家権力が暴走しないためのブレーキ」として成立したことがわかります。だから、憲法を守らなければいけないのは、国民ではなく「国家権力」ということになります。「学校で憲法を覚えさせるのは、国民に守らせるためだと思っていた」と答えた人がいてびっくりしました。

❺ 外国の事例を考える

　外国の事例を調べるという視点も役に立ちます。時間軸に対して、世界に視野を広げるという発想です。例えば、「夫婦別姓」という問題に対して、欧米ではどうなっているのか、近隣の中国や韓国ではどうなっているのか、といった具合です。

❻ 新聞記事を思い出す

　最近見た新聞やテレビのニュースなどで、関連する話題がなかったかを考えます。

❼ 体験や具体例を入れる

　書くことがなくて困ったときは、具体例を入れるのも有効な

方法です。気楽に読めて説得力が増し、文字数も稼げます。一石三鳥です。自分が体験したこと、とりわけ失敗談は最高のネタになります。

❽ 比喩を盛り込む

　比喩を盛り込むことによって、難しいことをやさしく言い換えることができます。特に、読み手がよく知っている例にたとえると効果的です。私は以前、「IPアドレス」と「ドメイン名」の違いがよくわからなかったことがありました。そのとき、「202.232.146.151のように数字で表記されているIPアドレスは、ネットにつながるすべてのコンピューターに割り振られた電話番号みたいなもので、これでは使い勝手が悪い。そこでIPアドレスに対応したネットの住所地として考え出されたのがドメイン名（kantei.go.jpのような表記）である」という説明を読んで大いに納得したことがあります。難しい用語を電話番号と住所地にたとえることによって、ずいぶんわかりやすくなりました。

❾ 短期と長期に分けて考えてみる

　これも非常に強力な思考パターンです。物事には短期的な側面と長期的な側面があります。短期的には効果があっても長期

的には有害なことも少なくありません。例えば、新型コロナ対策として政府がおカネをばらまくと、短期的な経済効果はありますが、長期的には多額の借金が残ってしまいます。また、原子力発電の問題でも、短期的には電力需要を賄う有力な手段ですが、長期的には放射性廃棄物の問題が残ります。このように長期と短期の両方の側面を考えると、文章に厚みが増します。

⑩ 極端に考える

極端に考えることにより物事の本質が見えてくる場合もあります。また、一般にいわれていることと正反対の結論を想定してみたりすることも有効です。

⑪ 相手の立場に立って考えてみる

相手の立場に視点を変えて考えてみると、今まで見えなかったものが見えてくるようになることもあります。

⑫「そもそも」と本質論に立ち返る

議論が紛糾しているテーマの場合、「そもそも」と本質論に立ち返ってみることもオススメです。物事をその根底から問い直してみると、新しい展望が開けてくることがあります。

⑬ さまざまな切り口でアプローチする

例えば「旅行」を題材に文章を書く場合、ホテル、料理、経済、歴史、名勝、遺跡、著名人など、切り口を変えてみると、1回の旅行をネタに、何本でも文章を書くことが可能です。

3 図解しながら考えを整理する

下書きメモを書き出したら、次にそれらを線で結んだりマルで囲んだりして関係づけていきます。そうしているうちに、書くべき内容が次第に見えてきます（→図解の仕方の詳細については第6章を見てください）。一例を紹介します（右図）。

ステップ❶ まとめ

知識の整理をする

・知っていることを思い出せるだけ全部書き出す。

・その際、単語を書き並べるのではなく、文として書く。

・関連する事項や対立する事項を、マルで囲ったり矢印を引いたりして視覚的にわかりやすいように整理する。

以上でステップ1は終わりです。

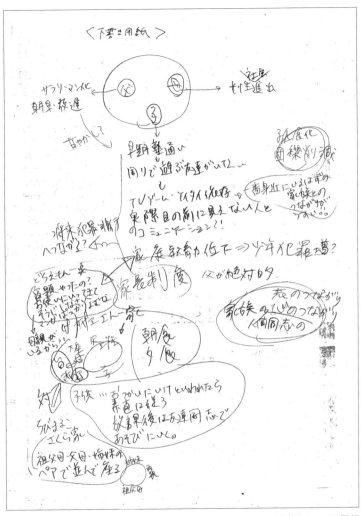

下書きメモでの図解

2

結論を決める ── ステップ2

　文章で一番大切なのはメッセージ（＝結論）です。たとえ1000ページの本であっても、書き手がいいたいメッセージは一言で表せるはずです。読書とは、その一言を見つけ出す作業ともいえます。下書きメモが出来上がったら、次にやることは、そのメモを見ながらメッセージ（＝結論）を決めることです。この文章で何を主張したいのかを一言でいえるようにするのです。書くことが苦手な人に共通して見られるのは、

　主張したいことが明確になっていない

ことです。ですから、本文を書き始める前に、何をいいたいのかを短い文で書いてみるのです。**結論を文にすることによって「あいまいさ」がなくなり、主張したいことが明確になります**。あとはそれを膨らませるだけです。極端にいえば、結論以外はすべて「ふくらし粉」みたいなものです。もちろん、ふく

らし粉も重要です。しかし、主張したいメッセージがないのにふくらし粉ばかりでは、「この人、いったい何をいいたいのだろう？」と思われてしまいます。

ステップ❷ まとめ

結論を決定し、短い文にする

・ステップ1の下書きメモで取り上げた材料をもとに結論を決める。

・結論を短い文にすることによってあいまいさを取り除く。

構成を考える── ステップ3

　結論が決まったら、次にやることは書く順番を決めることです。下書きメモの序論・本論・結論にあたる部分に【1】【2】【3】と番号を振ります。そして、大雑把に字数を割り当て、ストーリーを作っていきます。その際、文章全体が論理的に構成されるように注意してください。**数学の証明問題を日本語でやるような意識**を持つとよいと思います。

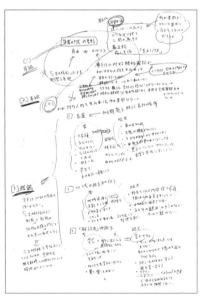

下書きメモで構成を考える

● 根拠は三つ

　序論で自分の主張（＝結論）を述べ、本論でその根拠または理由を述べます。一般的に、根拠は三つ挙げると効果的であるといわれます（**3点ルール**）。それ以上多いと焦点がぼやけ、かえって説得力がなくなってしまいます。根拠を示す場合は

第一に ………
第二に ………
第三に ………

というように、わかりやすく示します。英語でも「first, second, third,」 というふうに提示するのが一般的です。

　スピーチでも「今日は三つのことをお話しします」というふうに最初に述べておいて、聞き手に心構えを促す手法は広く使われています。まれに、一つ目と二つ目を夢中になって喋っているうちに三つ目を忘れてしまったという笑い話もありますが、3という数字は人間の心に残りやすいようです。

　そういえばテレビのリプレーも基本は3回です。1回や2回では物足りない。でも4回だとしつこすぎる。3回あたりがちょうどよいようです。

● 不必要なことはバッサリ捨てる

　下書きメモで書き出したもののうち、実際に使うのはその一部です。主張したいことに関連する材料だけを使い、直接関係のない不必要な部分はバッサリ捨てます。捨てた部分が多ければ多いほど、引き締まったよい文章になります。水面に浮かぶ氷山をイメージすればわかりやすいかもしれません。文章にするのは氷のごく一部です。文章を書く場合も全く同じです。

　ところが、せっかく調べたのだからと、あれもこれも盛り込む人がいます。「私はこんなに知っているのですよ。偉いでしょう」といいたいのかもしれませんが、これは間違いです。焦点がぼけて散漫な文章になります。知っていてもグッとこらえて書かない。その「奥ゆかしさ」がよい文章を生み出します。わかりやすい文章にするためには、余計なものをバッサリ捨てる勇気が大切です。

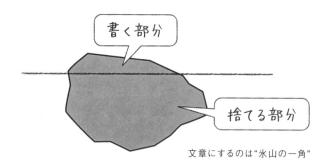

書く部分

捨てる部分

文章にするのは"氷山の一角"

ステップ❸ まとめ

文章全体の構成（設計図）を作る

・下書きメモで書き出した材料を取捨選択し、どれをどういう順番に書くかを決める。

・全体の構成は以下の通り。

序論 …… 論じるテーマとその主張を書く。初心者は疑問文にして問題提示の形式をとると書きやすい。字数は全体の1〜2割程度をあてる。

本論 …… 本論は英語では"body"と呼ばれるように、最も重要な部分である。主張を裏付ける理由・根拠を三つ書く。全体の7割程度をあてる。

根拠1
根拠2
根拠3

結論 …… 序論で述べた主張を再度繰り返す。序論を疑問文として提示した場合は、結論部分がその答えとなるように対応させる。字数は全体の1割程度をあてる。

　ここまでできた段階で、頭の中には論文の全体像ができていなくてはなりません。

　論文の良し悪しの90％はこの段階で決まってしまいます。たとえテストのような制限時間がある場合でも、下書きメモ

の作成から全体の構成を考えるまでに、制限時間の4分の1は使ってほしいと思います。

一般に、文章作成能力の高い人ほど全体の構成を考えるまでに多くの時間を割きます。反対に、**文章が苦手な人はステップ3までの手順を省略し、いきなり次のステップ4から始めようとします。**しかし、これは失敗のもとです。オススメできません。

一気に書く── ステップ4

　下書きメモで十分に構想を練り、全体の構成ができたらいよいよ書き始めます。ここで重要なのは、いったん書き始めたら途中で絶対に立ち止まらないことです。書くことには「勢い」

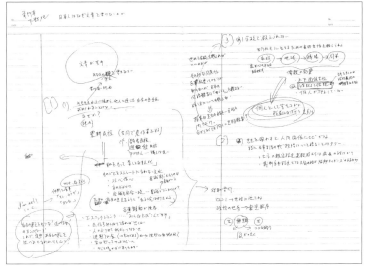

本書の下書きメモの実例

が大切です。途中で立ち止まって考えると、次に書き始めたときに論理の断絶が起きます。書き慣れていない人の文章を読んでいると、しばしばこうした論理の断絶に遭遇します。「ここで立ち止まって、いろいろ考えたのではないですか？」と問うと、ほとんどの場合「はい、そうです」という答えが返ってきます。ですから、途中で立ち止まることのないように、書き始める前の「設計段階」で十分に構想を練っておく必要があるのです。

　もっといえば、書き始める前に頭の中では、もう全体像のイ

メージができていなければならないのです。日本画の大家・平山郁夫が、「絵を描き始める前に全体像ができている」という意味のことを書いていましたが、文章を書くときも全く同じことがいえるのです。

　前ページに示した下書きメモは、私が本書の第1章第1節の一次原稿を書くために作った下書きメモです。参考までに載せておきます。

ステップ❹ まとめ

一気に書く

・一度書き始めたら途中で止まらないで、最後まで一気に書き上げる。
　途中で止まるのは、全体の構成に問題があるからである。
・途中で筆を止めて考えると、次に書き出したときに論理の断絶が生じる。
・最初の設計図通りに書く。途中で何か思いついても書かない。設計変更をすると全体のバランスが崩れる。

⑤

推敲する — ステップ5

　さて、原稿が完成したら、いよいよ推敲（何度も練り直すこと）です。書き上げたときにはよい文章が書けたと思っていても、何日かすると気に入らないところがたくさん出てきます。内容が気に入らなかったり、表現が気に入らなかったり、あるいは文章のリズムが気に入らなかったりします。推敲の仕方の詳細については、第5章「わかりやすい文章とは？」でお話ししたいと思います。とりあえずここでは以下の点に注意して推敲してください。

チェックポイント

① 序論の「問題提示」に対して、文末の結論がその「答え」となっているでしょうか。序論と結論だけを読めば、筆者が何を問題にし、それに対してどのように考えているのかがわかるような体裁にします。

② あれもこれも盛り込みすぎて、わかりにくくなっていない
でしょうか。よい文章を書くコツは、間口を広げないで、一つ
のことを深く書くことです。

③ 全体の論理がすっきりしているでしょうか。**すっきりして
いるかどうかは、文章全体を図示できるかどうかで判断**できま
す。図示できるような論理構成にしてください。

④ メッセージが明確でしょうか。一言でもよいから、読み手
の心に響くような「きらりと光る文」を書きたいものです。

ステップ❺ まとめ

推敲する

・序論と結論が対応しているか。

・あれもこれも盛り込みすぎていないか。

・論理構成が明確か。

・わかりやすい日本語になっているか（→第５章参照）。

文章を書くための五つのステップ

書き始める前に徹底的に考え、十分に時間をかけてください。ステップ3までが勝負です。

(ステップ1) …… 下書きメモを作る

⬇

(ステップ2) …… 結論を明確にする

⬇

(ステップ3) …… 全体の構成を考える

⬇

(ステップ4) …… 一気に書き上げる

⬇

(ステップ5) …… 推敲する

　以上で第3章は終わりです。次の章では実際に書く練習をします。

第 ④ 章

書いてみよう

論文型文章の書き方

　さて、ここからは皆さん自身で文章を書いてもらいます。ま
ずは「読書の効用」というテーマに挑戦してみましょう。この
テーマを最初に選んだのは、「書く力」は「読む力」に比例す
ると思うからです。文章が得意な人は、例外なくたくさんの本
を読んでいます。読書の効用とはいったい何か。このテーマを
通して考えていただけたらと思います。

　「読書の効用」について、序論・本論・結論というテン
プレートで書いてみましょう。ただし、次の条件を守っ
てください。

① いま自分が持っている知識だけで書く。

　　インターネットなどで調べるのは「なし」です。

② 時間制限はありません。

③ 字数は800字程度を目安としておきます。

● ステップ1 ── 下書きメモを作る

　普段あまり読書をしない人には、「読書の効用」といわれて
も、何を書いてよいのかサッパリわからないと思います。私の
ほうから考えるためのヒントをたくさん出しておきますので、
それを参考に挑戦してみてください。まず下書きメモを作るた
めの材料集めから始めます。

材料を集めるためのヒント

❶ 大きなくくりで考えてみます。

　本にはいろいろジャンルがあります。知っているジャンルを
なるべくたくさん挙げてください。

❷ 本を読む目的は？

　私たちは何のために、高いお金を払ってまで本を購入するの
でしょうか？

**❸ 仮に1カ月で4冊読むとして、一生の間に何冊くらい読める
でしょうか？**

　また、1冊1000円とした場合、一生で使う本代はいくらく
らいになるでしょうか？

❹ 自分の好きな作家は誰でしょうか？

　好きな作家は？

❺ もし自分の人生に影響を与えた本または言葉があれば挙げ

てみてください。

　さしあたり、こうした疑問について、自分なりの答えを**大きな紙（A4以上）に手書きで書き出してください**。以下に解答例を挙げておきますが、最初は解答例を見ないで、自分自身で解答を試みてください。

　解答例は活字で示していますが、実際には大きな紙に手書きで書き出します。

　解答例

❶ ジャンル

・小説 …… ファンタジー、恋愛小説、推理小説、SF小説、ホラー小説、経済小説、歴史小説、冒険小説、伝記など
・趣味の本
・自己啓発本
・人文社会系の本 …… 経済、経営、政治、文学、歴史、哲学、芸術など
・自然科学系の本 …… コンピューター、化学、医学、環境、地球科学、宇宙など

❷ 本を読む目的

・娯楽、楽しむため

・知識を得るため

・資格を取るため

・自己啓発のため

・暇つぶしのため

❸ 生涯に読める本の冊数

・生涯で読める本 …… 1 カ月に 4 冊として、4 冊×12カ月× 70年≒約3400冊

・生涯の書籍代 …… 1 冊1000円として、1000円×3400冊＝ 340万円

・ちなみに1年間に日本で新規に発行される本は約6万6900点（2022年）です。1日に約188冊になります。

❹ 好きな作家

夏目漱石、三浦綾子、東野圭吾、渡辺淳一、田辺聖子など

❺ 人生に影響を与えた本、または言葉

「一生を終えてのちに残るのは、自分が集めたものではなく、人に与えたものである」（三浦綾子『氷点』より）

以上のように、思いつくことをどんどん書き出します。とにかく手を動かすことです。

　下書きメモの材料が集まってきたら、さらに深掘りします。ここでは第3章の「発想のヒント」のところで述べた「極端に考える」方法を使ってみます。「膨大な量の読書をする人」と「全く読書をしない人」という二つの極端な例を対比させ、両者の間にどのような違いが生じるかを考えてみます。

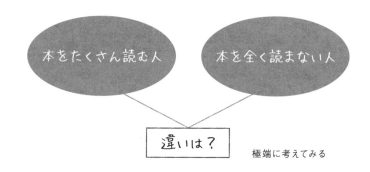

極端に考えてみる

違いは?

（本を読むと…）

・楽しい ➡ 小説など

・疑似体験できる ➡ 自分の知らない世界を知ることができる

・知識が豊富になる ➡ 世の中のことがよくわかるようになる

・資格を取れる ➡ 出世して給料が増える

・語彙が豊富になる

・幅広い見方ができるようになる ➡ 教養が身につく

・人間として成長できる ➡ 人間の心模様を描いた純文学など

・考える力がつく

・生きる指針を見つけることができる ➡ 哲学書、宗教書など

　ここまでが下書きメモ（もちろん、全部手書き）です。これだけの材料があれば、さまざまなアプローチで文章を書くことが可能になるのではないでしょうか。さらに、皆さんご自身の体験談を入れるとなおよいですね。

● ステップ2 ── 結論を決める

　下書きメモの材料が集まったら、今度はメモを見ながら「主張したい結論」を明確にし、文にします。ここでは「読書には次の三つの効用が期待できる」とします。

　① 読書は面白い

　② 知識が身につく

　③ 生きるための指針が得られる

　結論を短い文にすることを省略して頭の中で考えているだけでは、あいまいさが残ります。また、途中で結論がぶれる心配もあります。ですから、短い文として「書き出す」という作業

を必ずやってください。

● ステップ3 ── 全体の構成を考える

　結論が決まったら、次に全体の構成を考えます。序論として
何を持ってくるか。結論を補強するためにどんな根拠や例を挙
げるか。そして最後に結論部分をどうまとめるかを考えます。

　ここで大切なのは「捨てること」です。せっかく集めた材料
を捨てるのはもったいないと思ってはダメです。あれもこれも
盛り込むとごちゃごちゃして、かえって説得力がなくなってし
まいます。ここは思い切って精選してください。

　全体の構想がまとまったら、下書きメモに直接【1】序論、
【2】本論、【3】結論、などと書き込み、全体の構成を確定
します。全体の構成が出来上ればもう安心です。原稿の8割は
できたようなものです。

序論

「読書の効用とは何だろうか？」という疑問文を提示する。

本論

　序論の疑問に対して、その答えを根拠を示しながら書いてい
く。

第一に………

第二に………

第三に………

（結論）

上の本論で書いたことをもう一度まとめる。

序論の「疑問」に対する「答え」になるようにまとめる。

何度も繰り返しますが、ここまでが勝負です。**制限時間が設定されている場合は、ステップ3の全体の構成を完成させるまでに制限時間の4分の1は使ってください**。

全体の構成は建物の設計図です。設計図がきちんとできていなければ建設工事を始められないのと同じように、文章を書くときも、まず全体の構成が出来上がっている必要があるのです。次に、私が作成した下書きメモの例を挙げておきます。

「読書の効用」の下書きメモ

● ステップ4 —— 一気に書く

　さて、ここまで準備できたら、いよいよ書き始めます。書き始めたら、最後の1行まで一気に書き上げて完成させましょう。書いている最中に書くことを中断し、いろいろ考え始めると、ろくなことがありません。横道に入り込んで論理構成がバランスを失い、わかりにくい文章になってしまいます。建物にたとえると、増築に次ぐ増築で迷路のような建物が出来上がってしまいます。ですから、書いている途中で何かよいことを思いついても無視してください。そのほうが最終的によい結果につながることが多いと思います。

● 文章作成上の注意

　文章を書くときは次の三つのことに気をつけてください。

文章作成の三原則

> 　1．ワンセンテンスの長さを50字以内にする。
> 　2．「ワンセンテンス、ワンメッセージ」を心がける。
> 　　　二つの文に分けられるものは、なるべく二つに分ける。
> 　3．主語と述語がねじれないようにする。

たったこれだけのことを心がけるだけで、驚くほどわかりや
すい日本語になります。

　次に、下書きメモを見ながら実際に私が書いたものを掲載し
ておきます。皆さんもこれを参考に、自由に書いてみてくださ
い。

例1　読書の効用

［序論］

　日本では年間に７万点近い本が新規に発行されている。
しかし、朝、電車に乗っていると、ほとんどの人はスマホ
でSNSやゲームをやっており、本を読んでいる人はわずか
である。本には本のよさがある。読書の効用にはどんなも
のがあるのだろうか？

［本論］

　本といってもジャンルは広い。小説、教養、専門書、哲
学、芸術など、さまざまな分野がある。人間は本質的に
「善くなろう」と思いながら生きている。そして「善く生
きる」ために本を求める。

　人々が本に求める第一の効用は、娯楽・楽しみである。
多くの人が小説を購入するのは、それが「面白い」からで
ある。恋愛小説、歴史小説、推理小説、冒険小説などを読
んでいると時間がたつのを忘れる。また、自分と違った世

界を疑似体験することにより視野も広がる。

　第二の効用は、知識が身につくことである。特に専門書を通して、私たちは多くの知識を学ぶ。ときにはそれが資格を取得するためであったり、仕事に必要な自己啓発本であったりする。政治、経済、コンピューターなど多くの専門書によって多くの知識を獲得し、自分たちの仕事や生活に役立てている。

　第三の効用は、生きるための指針が得られることである。哲学書、宗教書、伝記などがこれにあたる。人生は常に順風満帆とはいかない。挫折して生きる気力を失ってしまうこともある。そういうとき、先人の生き方や言葉は私たちに生きる勇気を与えてくれる。仏教関係の本を読んでいたら「お前も死ぬぞ！」という法語があり、ドキリとした経験がある。普段、自分が死ぬということをあまり意識したことがなかっただけに、逆に「何のために生きるのか」ということを考えさせられた。

［結論］

　以上のように、読書には面白い、知識が身につく、生きるための指針が得られる、といった効用が期待できる。

私が書いたものをもう一つ紹介します。下書きメモは載せていませんが、これまで述べてきた手順で書いています。

（例2）　読書の効用

　書店に行くとたくさんの本が並べられている。日本で1年間に新規に発行される本は7万点近くに及ぶという。人々は何を求めて、高いお金を払ってまで本を読むのだろうか。読書の効用とはいったい何だろうか？

　本には、小説、教養、専門書、哲学、芸術などさまざまなジャンルがある。当然、ジャンルが異なれば、読書から得られる効用も異なる。

　第一の効用として、小説などを通して、自分では体験できないような疑似体験ができる。恋愛小説を読んで作中の人物になりきったり、歴史小説を読んで数百年前の世界に入り込んだ気分になったりする。

　第二に、趣味や芸術関係の本からは心の豊かさを得ることができる。以前、日本画を習っていたとき、美術関係の本をずいぶん読んだ。その中の一冊に「道端に転がっている石ころをバカにしてはいけない。その石ころには何千年、何億年もの歴史が詰まっている」（千住博『日本画を描く悦び』）とあった。それ以来、当たり前と思っていた景色が今までと全く違ったふうに見えるようになった。

　第三に、読書を通して自分を成長させることができる。以前読んだ山田恵諦『一隅を照らす』という本の中にこんな言葉があった。「人間は千差万別である。100メートルではカール・ルイスにまったく歯が立たなくても、１万メートル、２万メートルと距離が長くなれば彼より速く走ることができるという人はいくらもいる。自分にできることを通じて、その居場所を明るくするような存在になればよい。生まれながらに持っている能力を生かしつつ、人間として完成するという大きな目標に向かって歩んでいくことが大切である」。心にしみた。

　以上のように、読書には疑似体験、心を豊かにしてくれる、自分を成長させてくれるといった効用が期待できる。

　以上、二つの例を通して「下書きメモを作る」「結論を短い文にする」「全体の構成を考える」「一気に書く」という文章作成の流れがおわかりいただけたのではないでしょうか。上の例では、読書の効用を一般論として展開しましたが、もちろん心に残った本を１冊取り上げて、それについて深く書くという方法もあります。むしろこちらのほうが読者を感動させることができるかもしれません。最後にステップ５の推敲をして、ようやく完成です。

　次の文章は、外国人労働者を日本に積極的に導入すべきかどうかについて書かれたものです。もし、あなたがこの文章を採点するとすれば10点満点で何点をつけますか？　理由もあわせて考えてみてください。

　日本の労働力人口が減少している。今後の日本の労働力を確保するにはどうすればよいだろうか。

　この問題を解決するためには、基本的には外国人労働者を増やし、労働力人口を確保することしかないと思う。外国人労働者を増やす際のネックとなっているのは「労働環境」と「コミュニケーション」の問題である。日本では、外国人労働者を低賃金・長時間労働という条件で雇っている場合が少なくない。また、文化や言語の違いから住民との間でトラブルになることも多い。同一労働・同一賃金を実現し、外国人との交流イベントを増やすなどの努力をしてこうしたネックを解消し、労働力人口の減少を補うことが必要である。

　しかしその一方で、外国人労働者が増えると日本人の雇用機会が奪われ、賃金が下がるという心配もある。日本は

この20年間ほとんど賃金が増えていない。主要先進国の中で賃金が上昇していないのは日本だけである。外国人労働者が増加して、さらに日本人の賃金が押し下げられてはかなわない。また、外国人労働者が増えて治安が悪くなる恐れもある。このように考えると、外国人労働者の導入には慎重であるべきだとする主張も理解できる。

点 / 10点

答

　残念ながら論文としては0点です。理由は、主張したい内容がはっきりしないからです。すなわち、文章の前半では「日本の労働力を確保するためには外国人労働者を増やすしかない」と主張しておきながら、後半で「外国人労働者の導入には慎重であるべき」と全く正反対のことを述べています。これでは筆者が何をいいたいのか、読者に伝わりません。文章には「主張」と「その根拠」が明確に示されていなければなりません。外国人労働者を増やすことに賛成か反対か、イエスかノーかを明確にしない文章は0点をつけるほかありません。

エッセイを書いてみる

　今度はエッセイに挑戦します。エッセイとは、書き手が感じたことや考えたことを自由に書き記した文章のことです。自分の身の回りの些細な出来事などが題材になりますが、ここでは「人生を変えた一言」というテーマで書いてみましょう。そんな大げさな体験がなければ、「私の好きな言葉」または「座右の銘」というテーマでも構いません。エッセイでは「人に読まれる」という視点を特に意識することが大切です。

　手順は「読書の効用」のときと同じですが、**エッセイの場合、形式はかなり自由**です。「起承転結」でもよいし、「序論・本論・結論」でも構いません。あるいは形式を全く無視して、心の赴くままに書くのもアリです。参考までに、あとで私が書いたエッセイを２本紹介します（下書きメモは省略）。文字数は気にしなくてもよいので、皆さんも自由に書いてみてください。

材料を集め、下書きメモを作る（ステップ1）

結論（＝メッセージ）を決め短い文にする（ステップ2）

全体の構成を考える（ステップ3）

一気に書き上げる（ステップ4）

● マネをすることから始めよう

　以前、高校生の小論文指導をしていたときのことです。何度説明してもうまく書けない生徒がいました。テーマを与えて800字程度の文章を書いてこさせ、それを添削する。これを何回か繰り返すと、たいていの生徒は次第に書く要領をつかんでいきます。ところが、どうしてもうまくいかない生徒がいたのです。

　そこで私がとった手段は、比較的うまく書けているほかの生徒の小論文を見せることでした。するとどうでしょう。まるで嘘みたいに、ちゃんとした文章を書いてくるようになったではありませんか。「百聞は一見に如かず」です。手本を見せることによって、人は知らず知らずのうちにそのマネをし、できる

ようになっていきます。赤ちゃんが言葉を覚えるのと同じですね。ですから、書くことが苦手な人は、まずほかの人の文章を読むことから始めてください。

　最初は、新聞の投書欄あたりがよいかもしれません。家で新聞をとっていない人は駅の売店やコンビニで購入することができます。また、図書館に行けば複数の新聞を無料で読むことができます。投書欄に寄稿する人はプロの物書きではありません。一般の人が書いた文章に新聞社の人が多少手を加え、タイトルをつけて掲載しています。タイトルがついているから、一目で「何を主張したいか」がわかります。また、字数も500字程度と短いのですぐ読めます。文章の書き方を学ぶ教材としては打ってつけです。読む際のポイントは次の3点です。

　① 主張したいことは何か
　② その根拠や具体例の取り上げ方
　③ 全体の構成（序論・本論・結論）

　ただし、全体の構成は必ずしも序論・本論・結論にはなっていない場合がほとんどです。これは、新聞社が原文を尊重して掲載するためです。

● テーマを選ぶ

「書けない」という人の多くは、ネタを思いつかないという場合がほとんどです。だから、最初にやるべきことは「ネタ探し」です。新聞の投稿欄はその点でも参考になります。投書欄に取り上げられるテーマはさまざまです。そうしたことをヒントにテーマを決めるのも一つの方法です。そのほか、「職場あるある」「私の仕事」「わが家のペット」「私の趣味」「好きなアイドル」「私の失敗談」といった身近なテーマも書きやすいかもしれません。また、自分の関心の高い分野や得意分野について書くのもよいと思います。得意分野であれば、いくらでも材料があるのではないでしょうか。

● 喜怒哀楽を文章にしてみよう

第1章でも述べましたが、文章が書けない原因の一つは「訴えたいことがない」からです。もし訴えたいことがあれば、文章は心の叫びとして内から湧いてきます。その意味では、自分の心に強く響いたことをテーマとして取り上げれば比較的書きやすいともいえます。具体的には「腹が立ったこと」「うれしかったこと」「つらかったこと」「悲しかったこと」を取り上げるのはどうでしょうか。

私の失敗談を一つお話しします。私は長い間株式投資をやっ

てきました。しかし、なかなか勝てません。そんなとき、ふと目に入ったのが「入会金30万円を払えば株式投資の指南をする」というネット広告でした。しかも、投資顧問は某有名大学を出たことを看板にしている人物です。30万円くらいなら出せないことはない。さっそく申し込みました。

　投資顧問が勧めてくれたのは、いわゆる「仕手株」でした。普段、仕手株には絶対に手を出さないのですが、プロの投資顧問の勧めという安心感から、このとき生まれて初めて仕手戦に参戦しました。一時は100万円くらいの含み益が出たのですが、すぐに下がり始めました。1日に数十万円単位で急落する日が続きます。ところが投資顧問は「ここは絶好の押し目買いのチャンス」などと買い煽るばかりです。そのうち100万円の含み益はあっという間に吹き飛び、結局、逃げ遅れて200万円近い損失を出してしまいました。

某社の株価推移

　今思い出しても、すごく腹立たしい思いがよみがえってきます。なぜあそこまで信じ込んでしまったのか。欲に目がくらんだのか。「有名大学卒」が嘘をつくはずがないと思い込んだのか。それとも、新興宗教と同じように、ある種の催眠術にでもかかったのか。いい年をして「だまされた」などといっても始まりません。勝てば投資顧問のアドバイスのおかげ、負ければ自己責任。これまでも株式投資で大損したことは何回もありますが、今回だけは自らの未熟さに落ち込みました。テキトーな情報を会員に流して30万円の入会金をとる。そうした「入会金集め」がこの投資会社のビジネスモデルだと知ったのはだいぶ後になってからでした。なにしろ3000人の会員を集めれば9億円です。入会金ビジネスはすごくもうかる商売（？）といえます。

　ネット上では、今もその投資顧問の宣伝が大々的になされています。危ない、危ない。世の中には、この手の胡散臭い悪徳商法が跋扈しています。自分だけは大丈夫なんてことはありません。欲に目がくらむとろくなことがないということを、今回の体験で思い知りました。

● 最初はヘタでよい

　皆さんも、悔しかったことやうれしかったこと、また人に助

けられて感謝したことなど、さまざまな体験をお持ちだと思います。そうした体験を文章にしてみてはどうでしょうか。感情の赴くまま書くと、かえって勢いのあるよい文章になるかもしれません。うまく書こうと思うと書けなくなってしまいます。最初はヘタで構わないので、まずは最初の第一歩を踏み出すことです。では私が書いたエッセイを2本紹介します。参考にしてください。

例1 ２馬力と１馬力

　世の中には2馬力世帯と1馬力世帯がある。いうまでもなく、夫婦ともにフルタイムで働く２馬力世帯は収入が多い。年収1000万円を超えている世帯も少なくない。

　しかし、2馬力世帯がどれほどの貯蓄をしているかというと、意外と少ないことが多い。理由はいくつかある。

　第一に、収入が多いという安心感から、ついつい贅沢をしがちなことだ。住宅、車、衣類、外食、保険、海外旅行、子どもの習い事など、収入が多いことを前提とした支出がなされ、これに社会的な見栄が加わると、たとえ1000万円以上の収入があっても、貯蓄に回せる金額は限られてくる。

　第二に、夫婦の収入を合算して一本化しているケースが

少ないことだ。その結果、トータルとしての家計費の管理ができなくなるのである。よく見られるのは、夫婦が分担する費用を分野別に分けているケースである。例えば、夫は住宅ローン、電気・ガス・水道料金などの恒常的出費のほか、車の購入、海外旅行など大物の支出を担当し、妻は日常の生活費や子どもの習い事などを担当する。経費を分野別に分担すること自体は別に悪いことではない。自分の担当する費用以外のお金は自由に使えるから、夫婦ともに独立した生活を楽しむこともできる。夫婦といえども秘密のお金は絶対に必要である。

　第三に、夫婦の独立性が高いため預金通帳も別々であり、夫婦がお互いにいくら貯蓄しているか知らないことが多いという点である。「いくら貯蓄している？」と聞けばよさそうなものだが、相手も稼いでいるということへの遠慮もあって、なかなか聞きにくい。勇気を出して聞いても、適当にはぐらかされて教えてもらえないことも多い。そのため、生涯を見通した計画的な貯蓄ができなくなる。だから、１馬力世帯から見ればうらやましい年収がある２馬力世帯でも、結果的に貯蓄金額そのものは意外と少ないケースが多くなる。家計管理は妻任せなどといっていると思わぬ失敗をすることもある。

　そのほか、これまでの経験から、お金を失うケースとして次のような例があることも知っておくとよい。いずれも

苦い経験がある。

1．他人に金儲けを説く人の話を信用してはならない。
2．株やギャンブルで一攫千金を狙わない。堅実が一番。
3．契約を急がせるのは詐欺と思ってよい。

　普通に生活をして残ったら貯蓄しようと思っていては、貯蓄などできるものではない。貯蓄をしようと思ったら、毎月の収入から貯蓄したい金額を先取りし、残りで生活するというのが鉄則である。

例2　二重契約はアカン！

　ある一言が、自分の人生を決定的に変えるということがある。私の場合、その言葉は「二重契約はアカン！」という言葉だった。今から40年あまり前、私が大学の助手（現在の助教）として勤めていたとき、ある先生の転勤が決まった。ところが、あとからもっと条件の良い大学からオファーがあったらしく、結局、条件の良いほうに行ってしまった。そのとき、同じ職場にいた同僚の山辺さんという方（あとに教授になった）が、「二重契約はアカン！」と強い口調でいわれた。

　その後、長い間この言葉を思い出すことはなかった。し

かし、この言葉が冷酒のように、あとでジワーッと効いて
くることになった。31歳のとき、私は大学を辞め、高校
の教員になるために大阪に出てきた。出身地の石川県は採
用試験の年齢制限が30歳だったので受験資格がなかった
からである。大阪府教育委員会に講師登録をしたところ、
さっそく自宅に電話がかかってきた。羽曳野市教育委員会
から「中学校の先生が胃潰瘍で倒れたので、２～３ヵ月来
てほしい」ということだった。かなり荒れている中学校ら
しかった。私の第一希望は高校に勤めることであったが、
向こうがすごく困っている様子だったので、「はい、行き
ます」とその場で答えた。

　その翌日だった。今度は大阪府立泉鳥取高校の吉岡校長
先生から電話がかかってきた。「英語の教員を探してい
る。常勤講師でぜひ来てほしい」とのことである。一方は
荒れた中学校の３ヵ月雇用、もう一方は３月末までの高校
の常勤講師である。条件は高校のほうがはるかに良い。し
かし、そのとき、以前に山辺さんから聞いたあの一言が頭
をよぎった。「二重契約はアカン！」。電話の向こうの吉
岡校長先生に「実は、昨日、羽曳野市教育委員会から電
話があり、そちらにお世話になると返事をしてしまいまし
た。一度交わした約束を、私の口から反故にすることはで
きません」とすぐその場で断った。すると翌日、また吉岡
校長先生から電話があった。「羽曳野市教育委員会には、

私のほうから話をつけたから、安心して私の高校に来てください」とのことである。そして、「羽曳野市教育委員会に出向いて、一言お詫びの挨拶をしてきなさい」という指示をいただいた。

　こうしたやりとりがあって、私の高校教員の第一歩がスタートした。幸い、その年の採用試験（教科は社会）に合格し、翌年度からはそのまま吉岡校長先生の下で勤務することになった。吉岡校長先生は、その後三国丘高校の校長に転勤され、私を同校に呼び寄せてくださった。私を呼んでくださった理由の一つは、たとえ、やせ我慢をしてでも自分の主義主張を曲げないという生き方の「美学」が関係していたのかもしれない。「二重契約はアカン！」、まさにこの一言が私の人生を変える言葉になった。

③

1行目が勝負

● 評価は最初の数行で決まる

　文章の評価は最初の２～３行で決まることが多いものです。「吾輩は猫である。名前はまだない」「国境の長いトンネルを抜けると雪国であった」。読み手は、最初の数行を読んで「良い」「普通」「悪い」を判断してしまいます。見た瞬間に印象が決まるのは、「お見合い」と似ているかもしれません。

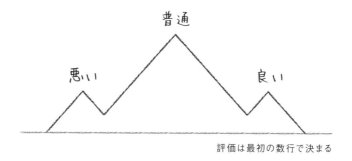

評価は最初の数行で決まる

● 失敗談から入る

以前、勤務していた高校のPTA新聞に何か書いてほしいと依

頼されたことがあります。以下はそのときに書いたものです。読者は生徒と保護者です。

例 復習中心主義で成績は伸びる

　恥をさらす。私の高校3年間は暗かった。入学したときは学年上位にあった成績が、卒業する頃にはビリに近かった。中学校までは学年で1番2番を争っていたのに、いったいどうしたことか。結局、1年間浪人をした。ところが、予備校通いが始まって最初の3ヵ月で偏差値が20近くも伸びた。そして、このときの体験が高校教員になって大いに役立ったのだから人生は面白い。

　私は「学力＝勉強時間×勉強方法×素質」だと考えている。成績が低迷している生徒の多くは勉強方法に問題がある。予習・授業・復習にそれぞれ目的意識を持たせるだけで、成績はグーンと伸びる。すなわち、予習では「わかる」と「わからない」の区別をし、授業で「わからない」ことを解決する。そして復習によって「わかる」から「できる」へと知識を定着させる。この中で一番大切なのは復習である。せっかく勉強しても、忘れてしまえばやらなかったのと同じである。予習と復習の割合は、勉強が低迷している人ほど復習に時間をかける（例えば予習3、復習7）。その際「その日のうちに覚える」というのがポイン

トである。勉強のできる人とできない人の差は、テスト前に詰め込むか、毎日覚えるかの違いであるといってよい。ちなみに、私のオススメの復習方法は、覚えたことを「何も見ないで」「真っ白い紙に書き出してみる」という方法である。これを毎日繰り返すと、みるみるうちに成績が上昇する。

高校時代に不登校に陥った生徒がいたが、励まし続け、卒業後にテレビや講演活動に活躍するようになった。その卒業生とは、今もFacebookで連絡を取り合っている。成長した姿を見ていると、教員になって本当によかったと思う。高校時代なんて仮の姿。みんな、何かのきっかけでブレイクする可能性を秘めている。

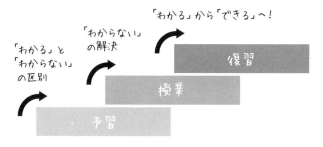

学習における3段階の流れ
（学習法については筆者のホームページで詳しく紹介しています）

この記事を書くにあたって悩んだのが、出だしの文章をどういうふうに書くかということでした。最初の文をインパクトのあるものにしないと、あとを読んでもらえません。そこで自分の失敗談から入ることにしました。成功談は歓迎されませんが、失敗談は好んで読まれます。

④

書くことの9割は 「調べること」と「考えること」

　ここまで、持ち合わせの知識だけで書くトレーニングをしてきました。しかし実際には、テーマについて十分に調べてから書くという場合がほとんどです。まず、関連する資料をたくさん読み、材料を集めましょう。

　ただし、いくら材料がそろっていても、その材料でどんな料理を作ればよいかをよく考えないと、おいしい料理はできません。書くことも同じです。書くことの9割は「調べること」と

「考えること」です。新聞記者の世界では、「十調べて一を書く」といわれるそうです。調べることについては第6章で扱いますので、ここでは「考えること」を中心にしてお話ししたいと思います。

● 下書きメモは「思考プロセスそのもの」

書く力は考える力に比例します。書く第一歩は下書きメモを作ることです。集めた情報をもとに考えついた内容を下書きメモにどんどん書き出していきます。手を動かし続けていると、不思議といろんなことが連鎖反応のように浮かんできます。それらを書き留め、線で結んだりマルで囲んだりしながら関係づけていきます。繰り返しますが、下書きメモは「思考プロセスそのもの」です。下書きメモを書きながら何時間も考えていると、やがて「メッセージ」を何にしようか、「どういう構成にしようか」などということがおぼろげながら姿を現してきます。

次の下書きメモは、現在の米中関係と都市問題についてまとめたものです。メモを作成する悪戦苦闘ぶりと、水面下の試行錯誤を感じ取っていただければ幸いです。

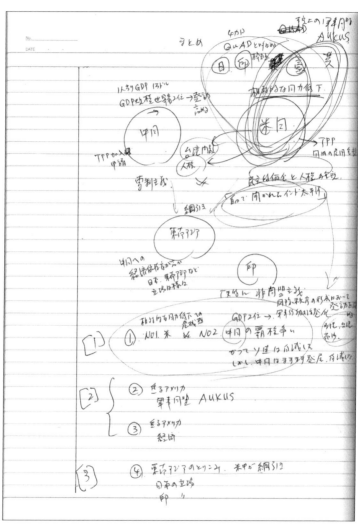

米中関係についての下書きメモ

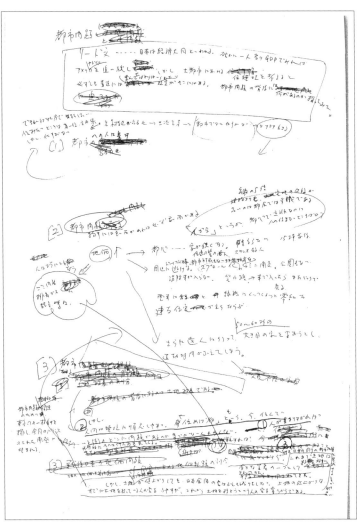

都市問題についての下書きメモ

　「ほたるのひかーり、まどのゆーき」。卒業式の定番です。
この歌を歌うと、歌詞の意味もよくわかっていないのに、
なぜかジーンときます。

蛍の光　窓の雪
書(ふみ)読む月日　重ねつつ
何時(いつ)しか年も　すぎの戸を
開けてぞ今朝は　別れ行く

（現代語訳）
蛍の光や月に照らされた雪明かりで
書物を読む日々を続けていると
いつの間にか年月は過ぎ去り
今朝は杉の戸を開け　別れていく
（注）「すぎ」は「過ぎ」と「杉」を掛けています。

　この歌は、貧困に耐えて学問に励むことを褒め称えた歌
です。貧乏で火を灯す油が買えず蛍の光で勉強した車胤(しゃいん)と
いう人物と、窓の外に積もった雪に反射する月の光で勉強

した孫康という2人の人物をうたったものです。この美談を少し別の角度から検討してみましょう。

【問1】 蛍の光で本を読めるか？

【答】あるテレビ局で実験をしたら「読めた」そうです。

【問2】 では、読書をするためのたくさんの蛍を車胤はどうやって集めたか？

【答】夜、蛍の光で勉強するためには、昼に蛍を集めるしかありません。したがって、車胤は、昼間は蛍集めに奔走していたと思われます。

　「蛍の光」を論理的に考えると、「昼間は蛍集めなんかしないでたっぷりと勉強をし、夜はゆっくり休めばよい」という結論になります。もちろん、こんな解釈は邪道かもしれません。しかし、常識にとらわれず物事を筋道立てて論理的に考えてみることの必要性は、私たちの周りにはたくさん存在します。

以上で第4章は終わりです。文章は五つのステップで書くと書きやすいということをご理解いただけたでしょうか。「畳の上の水練」ということわざがあるように、水泳の理論書をいくら読んでもうまく泳げるようにはなりません。文章をも同じです。実際にたくさん書いてトレーニングを積むことが大切です。

第 ⑤ 章

わかりやすい文章とは？

すらすら読める文章

　わかりやすい文章とは、一読して「スッ」と頭に入ってくる文章です。ストレスなくすらすら読める文章には共通した特徴があります。「結論が最初にある」「論理構成がしっかりしている」「あいまいさがない」「リズミカルである」という4点です。

● 結論が最初にある

　第1章のコラム（p.21）「件名・結論・詳細」で紹介したように、相手に伝えたいこと、すなわち結論が最初にあると、文章は非常にわかりやすくなります。

● 論理構成がしっかりしている

　文章を書く基本は、全体の論理構成がしっかりしていることです。第1章で「序論・本論・結論」あるいは「起承転結」といった典型的なテンプレート（型）についてお話ししてきまし

た。こうしたテンプレートは、先人が長い時間をかけて作り上げたものです。したがって、テンプレートに沿った書き方は、読み手にとっても読みやすい文章になります。特に、結論として何を主張したいのか、またその根拠は何なのかを明確に示しておくと、読み手はストレスを感じることなく全体を読み通すことができます。間違っても、迷路のような論理構成にしてはなりません。

● あいまいさがない

すらすら読める文章のもう一つの条件は、文章にあいまいさがないことです。普段私たちが書く文章は文学作品ではありません。読者に何かを伝えたくて書くのです。したがって、「あれ？ ここはどういう意味だろう」とか「ここの表現は2通りの意味にとれるけど、どっちの意味だろう？」などと考えさせるような表現は望ましくありません。一読して一通りにしか解釈されない日本語表現がよい文章だと心得てください。

もちろん、だからといって、どんな場合でもストレートに表現すればよいというわけではありません。子どもの頃、近所から頂き物をした際に、頂いた本人の目の前で「僕、それ嫌い！」といってしまい、親からこっぴどく叱られたことがあります。メールなどで相手に断りの連絡を入れる場合などでは、

相手の気持ちを傷つけないように婉曲な表現をしなければならないことはいうまでもありません。

● リズミカルである

　文章のリズムも重要です。テンポよく読み進めることができる文章は、読んでいて疲れません。一般に長い文（一文が50字を超える文）は意味がわかりにくくなります。しかし、だからといって、短い文ばかりだと単調になります。短い文のあとに時々長い文を入れてリズムを整えます。小説やエッセイなどでは、過去形で書かれている文に現在形を混ぜることによって文にリズムを生み出すという手法もよく用いられます。

　［例］「昨日難波に行った。久しぶりに黒門市場に寄る。新型コロナの影響で、かつてはたくさん見られた外国人観光客の姿が、今はほとんど見られなかった。」

　文章がリズミカルに書かれているかどうかをチェックするには、**音読してみる**ことをオススメします。俳句の５・７・５のリズムや、短歌の５・７・５・７・７といったリズムは、音読するとその心地よさが伝わってきます。硬い法律関係の文章のなかにも５・７・５で書かれているものがあります。

「学問の自由はこれを保障する」（憲法第23条）
「相続は、死亡によって開始する」（民法第882条）

　偶然だとは思いますが、ひょっとしたら法学者にも遊び心が
あったのかもしれません。

⊐ ⊃ ⊿　**わかりやすい表現はよいことか？**

　学生時代に初めて経済学の講義を聞いたときの先生の言
葉が忘れられません。「わかりやすく話すと経済学が簡単
なものだと誤解されるので、なるべくわかりにくく話しま
す」といわれたのです。考えてみれば、やわらかい食品ば
かりを食べていては、あごの骨が発達しません。あごの骨
を鍛えるためには、固い食品を食べることも必要です。で
すから、わかりやすい授業が必ずしもよいわけではないと
もいえます。

　しかし、これは大学の話です。普段私たちが書く日本語
はそうではありません。伝わりにくい表現は相手の時間を
奪うことにもなりますし、ときには誤解を生む原因ともな
ります。文章は相手の立場になって書くことが大切です。

推敲のチェックポイント

推敲はしばらくの間（＝書いた内容を忘れるくらいの期間）寝かせておいて、それから行なうのが理想です。できれば1ヵ月くらいは寝かせておきたいものです。一度冷却期間をおいて再度チェックすると、「アラ」がたくさん見えてきます。推敲で一番大切なことは、わかりやすい文章になっているかどうかをチェックすることです。具体的には、以下に述べる点に気をつけてください。

❶ 一つの文（one sentence）の長さは50字以内が原則

短い文はテンポがよいので、読んでいて気持ちがよいものです。反対に長い文はわかりにくいうえに、主語と述語の「ねじれ」が生じやすくなります。したがって、書くことが苦手な人は、必ずone sentenceは50字以内（長くても60字以内）という原則を守ることを心がけてください。以下の3点に注意すると文は短くなります。

◆ 余計な言葉を削る

　文を短くするポイントは、余計な言葉を削ることです。もし、削ることによって意味がわかりやすくなるなら、どんどん削って歯切れのよい文にしましょう。

◆ ワンセンテンス・ワンメッセージを意識する

　文を短くするためには、「ワンセンテンス・ワンメッセージ」を意識することです。読んでいて「長い」と感じられた場合、分割して二つ（あるいはそれ以上）に分けて短い文にしましょう。文がすっきりします。

◆ 「〜が」は逆接の場合のみ使う

「〜が」には順接と逆接の二つの場合があります。例えば、「今回は失敗したが、次回も失敗するかもしれない」は順接です。一方、「今回は失敗したが、次回は成功するかもしれない」は逆接です。基本的に順接の場合の「が」は使わないようにしましょう。逆説の場合の「が」は必ず必要です。ただしこの場合も、「しかし」などの接続詞を補って二つの文に分けたほうがわかりやすくなります。例えば、「今回は失敗した。しかし、次回は成功するかもしれない」。「〜が」を多用すると、平坦でわかりにくい文になります。

❷ 一つの文に主語と述語は一つずつ

　文意を正確に伝えるためには、主語はなるべく省略しないようにしましょう。もちろん、日本語は主語がなくても通じる場合があります。それどころか、主語を書くとかえって不自然に感じられる場合もあります。しかし、一般的には、文には主語と述語が一つずつあったほうがわかりやすくなります。

❸ 主語と述語のねじれをチェック

　文が長いと、自分でも気がつかないうちに主語と述語がねじれている場合があります。これを防ぐために、主語と述語だけを取り出して読んでみるという方法をオススメします。また、主語と述語はなるべく近くに置くとわかりやすい文になります。

【問題】次の文章を添削してください。
「高校野球の有名校には他府県から有力選手を集めセミプロ化しているので、普通の高校では歯が立ちません。」

【答】この文章の主語は何でしょう？　「有名校は………セミプロ化している」、または「有名校には………セミプロ化した学校がある」とすべきです。

❹ 語尾の文体は「～である」調が基本

文末は「である調」または「です・ます調」のどちらかに統一します。両者を混合して書くのはご法度です。この本では「親しみやすさ」を優先して「です・ます調」を使っていますが、一般的には「である調」が基本です。もちろん、強調したい部分は「～だ」と強く断言しても構いません。

日本人はとかく断定的な表現を避ける傾向があります。こんなことを書くと批判されるのではないか、叩かれるのではないかという心理が働くのかもしれません。そのため、「～と思われる」「～と感じる」「～らしい」といったトーンを和らげる表現を好んで使います。しかし、こうした表現は自信のなさの表れとみなされます。なるべく使わないようにしましょう。根拠を示して「～である」と言い切ることが大切です。

❺ 接続詞を使って論理的に

接続詞をうまく使うと論理的になり、文章の流れがよくなります。順接の接続詞は必ずしも必要ありませんが、「しかし」「ところが」「にもかかわらず」といった「逆接」の接続詞は必ず必要です。ただし、接続詞はできるだけ少ないほうが文章はすっきりします。最初はあまり気にせずに書き、推敲のときに削れる接続詞がないかをチェックするのがよいでしょう。

❻ 修飾語と被修飾語はなるべく近くに置く

　修飾する言葉と修飾される言葉はなるべく近くに置くことも大切です。離れていると誤解を招く原因になります。

【問題】「私は自転車で逃げる犬を追いかけました」。この文章を、誤解を招かないように修正するにはどうすればよいでしょうか？

自転車で逃げる犬を追う？

【答】「私は逃げる犬を自転車で追いかけました」

❼ 指示語はなるべく使わない

「これ」「それ」などの指示語はできるだけ使わないようにしましょう。特に「前者」「後者」は絶対に使わないようにしてください。出てくるたびに戻って確認する作業が必要になり、煩わしくなります。

❽ 事実と意見を区別する

どこまでが事実で、どこからが自分の意見なのか、あるいは伝聞または推量なのか。こうしたことを意識的に区別してください。

❾ 数字を入れる

数字を入れることによって説得力が増します。「事故により電車が遅れた」とするより、「事故により電車が30分遅れた」とするほうが断然わかりやすくなります。

❿ 図やグラフも入れる

言葉では表現しにくいことでも、図やグラフを入れるとよくわかることがあります。図解したり、グラフを入れたりすることによって、文章をよりわかりやすくしましょう。

⓫「〜たり、〜たり」の対応

上の文章で「図解したり、グラフを入れたりすることによって」と書きましたが、これを「図解したり、グラフを入れることによって」としても意味は通じます。しかし、文法的には誤りです。正しくは「〜たり、〜たり」と繰り返して使います。

⑫ 「の」が連続した表現を避ける

　修飾するために「の」を連続して使うと読みにくい文章になります。なるべくほかの表現を用いる工夫をしましょう。

【問題】次の文には、修飾するための「の」が三つ連続して使われています。これをわかりやすい文章に修正してください。
「自分の感情のコントロールの方法」

【答】「自分の感情をコントロールする方法」

⑬ 引用は適切か

　他人の文章をコピー＆ペーストしてそのまま使ってはいけません。また、引用部分は「　」でくくるなど、著作権を侵害しないようにしましょう。

⑭ 自分の知識をひけらかしていないか

　いろいろ調べているうちに、ついつい自分の知識をひけらかしたくなるものです。しかし、これはやめましょう。文の論理展開が乱れ、訴えたいことが伝わりにくくなります。

その他の注意事項

　手書きの場合は、読み手のことを考えて「ていねいな字」で書くことを心がけてください。また、誤字・脱字は印象を悪くするので推敲の際にしっかり見直しましょう。書き終えたら、できれば第三者（できれば専門外の人）に読んでもらってチェックしてもらうのが一番です。それが難しい場合は、自分でツッコミを入れながら点検することをお勧めします。

練習問題

【問題１】次の文をわかりやすくなるように添削してください。
「ミャンマー軍は２月、クーデターで選挙によって選ばれたアウンサンスーチー氏率いる政権を追放し、権力を握った。」（2021年12月20日　BBC NEWS JAPAN）

　この文がわかりにくいのは、「クーデターで」と「追放し」が離れすぎているからです。「修飾語と被修飾語はなるべく近くに置く」原則を当てはめれば、例えば次のようになります。

「ミャンマー軍は2月、選挙によって選ばれたアウンサンスーチー氏率いる政権をクーデターで追放し、権力を握った。」

　これでもまだわかりにくいと思ったら、思い切って「選挙によって選ばれた」の部分を削除してはどうでしょうか。「ミャンマー軍は2月、アウンサンスーチー氏率いる政権をクーデターで追放し、権力を握った」。ずいぶんすっきりした文になります。伝えたいメッセージを確実に読み手に届けるためには、このように余分な情報を削ぎ落とす勇気も必要です。

【問題2】次の文をわかりやすくなるように添削してください。
「奈良はかつて平城京が置かれ、シルクロードの終着点として国際色豊かな天平文化が花開いた都市であり、現在も多くの観光客が訪れ、世界遺産の建築物や公園の鹿を見ることができます。」

　この文章には三つの改善点があります。第一に文が長すぎます（84字）。第二に、ワンセンテンス・ワンメッセージの原則が守られていません。第三に、文の後半の主語と述語がねじ

れています。

添削例

「奈良はかつて平城京が置かれ、シルクロードの終着点として国際色豊かな天平文化が花開いた都市です。現在も多くの観光客が世界遺産の建築物や公園の鹿を見るために奈良を訪れています。」

【問題３】次の文章をもっとわかりやすくするにはどうしたらよいでしょうか。添削してください。

「非正規雇用が増えている原因として企業側の事情がある。企業は、人件費の安い国で生産された商品の大量流入による価格下落とバブル崩壊後の長期不況に対応するため、生産費の削減に努めているが、その一環として正規雇用に比べて人件費のかからない非正規雇用を増やし、逆に正規雇用を減らした。」

　この文章が読みにくいのは、二つ目の文が長すぎるからです。文を短くし、ワンセンテンス・ワンメッセージにするとわかりやすくなります。

原文を活かして修正した例

「非正規雇用が増えている原因として企業側に二つの事情が
あった。第一に、海外から安い製品が大量に輸入され、企業は
それに対抗するため経費を削減する必要があった。第二に、バ
ブル崩壊後の長期不況に対応するため生産費を削減する必要が
あった。こうした事情から、企業はより人件費の安い非正規雇
用を増やし、逆に正規雇用を減らしたのである。」

全面的に書き直した例

「非正規雇用が増加した原因は二つある。一つは、人件費の安
い中国などから安価な製品が大量に輸入され、それに対抗する
ため国内企業はコストの削減を迫られたからである。もう一つ
は、バブル崩壊後の長期不況を乗り切るため、生産費を削減す
る必要があったからである。こうした理由から、企業は人件費
の高い正規雇用を少なくし、人件費の安い非正規雇用を増やし
たのである。」

【問題4】次の案内文をもっとわかりやすくするにはどうしたらよいでしょうか。添削してください。

日本画実演講座のご案内

　1月2日と16日に放送のNHKの正月番組「天心の夢」で絵画を担当されたM先生が、大観風、芳崖風、春草風に筆さばきを描き分けられる人として白羽の矢を立てたのが、京都を拠点にご活躍中のO先生。今回、下記の日程で、O先生に「大観と明治の画壇」というテーマで実演を交えて解説していただきます。めったに見られないチャンスです。ぜひご受講ください。

記

　日　時　　2月10日（日）　13：30〜15：00
　場　所　　中之島文化サロン
　受講料　　4000円

中之島文化サロン

　この案内文がわかりにくい理由は次の三つです。

① 結論が最初にない。

② 一文が長すぎる。また、ワンセンテンス・ワンメッセージ

の原則が守られていない。

③ 不要な細かい情報が入り込み、文章をわかりづらくしている。

添削例

「来る2月10日（日）、O先生の日本画実演講座が開かれます。先生は京都を拠点にご活躍中で、大観、芳崖、春草などを巧みな筆さばきで描き分けることができます。今回、先生に「大観と明治の画壇」というテーマで、実演を交えた解説をしていただきます。めったに見られないチャンスです。ぜひご受講ください。

　なおO先生の力量については、正月にNHKで放映された「天心の夢」で絵画を担当されたM先生も高く評価しておられます。」

⊃ ⊃ ⊃ 一つの段落には一つの話題

　一般に、字数が 400 字を超える場合は必ず段落分けをします。5 行から 10 行を目安に段落を設けると読みやすくなります。(ただし、スマホやパソコンの文章の場合は、4〜5 行程度で改行したほうが読みやすいでしょう。)

　文は段落という一つの塊を単位として構成され、読み手も段落を中心に読み進めます。段落についても重要な原則があります。それは一つの段落に盛り込む話題は一つにするという原則です。先ほど「ワンセンテンス・ワンメッセージ」と書きましたが、それと同じことが段落についてもいえるのです。一つの文章が一つのメッセージで構成され、一つの段落が一つの話題で構成される。文章をわかりやすくするためのコツです。

3

使い分けられる日本語

　一口に日本語といっても、私たちの周りには読みやすいものから難解なものまで、さまざまなタイプの日本語があります。しかも、業界によって独特の言い方が見られます。本節では、そうした業界独特の言い回しがなぜ行なわれるのか、その理由に迫ります。

● 週刊誌の日本語

　新聞記者が記事を書くとき「中学生程度の学力でも理解できるように書け」と教育されるそうですが、週刊誌の記事にはそれに輪をかけた工夫が見られます。例えば、臨場感を出すために「色」や「音」を入れる古典的手法が用いられます。殺人事件の記事では、「女性がナイフで刺されて死亡した」と書くのではなく、「女性がナイフで刺され、ドスンと音を立てて床に崩れ落ち、身につけていた純白のブラウスがみるみる真っ赤な血で染まった」などと「音」や「色」を添えるのです。

● 文学作品の日本語

　一口に文学作品といっても、直木賞タイプのわかりやすい作品から、芥川賞、純文学といったハードルが高い作品まで、いろいろあります。わかりやすい作品は「大衆文学」などと呼ばれ一段低く見られがちですが、決してそんなことはありません。一方、純文学は自由に解釈される余韻のある文章で書かれることが多く、優れた作品は複数の読み解きが可能であるといわれます。読むたびに新しい発見があり、そこに100年の時を経て読み継がれる理由があるわけです。

● 政治家の日本語

　国会の答弁などでは、いかにして相手に尻尾をつかまれないかが重要になります。ですから、言語明瞭・意味不明などといわれる迷答弁や、意図的に論点をずらして回答をはぐらかす手法がよく使われます。また、「前向きに検討して善処したい」などと、具体的なことは何一つ約束しない答弁も政治家特有の日本語です。

● 行政の日本語

　わかりにくい文章の代表格は何といっても行政が出す文書です。たいていの文書は、最初の2、3行で読む気が失せます。

理由は、「一文が長すぎる」こと、「ワンセンテンス・ワンメッセージ」の原則を守らないことなどにあります。

　一般に行政が出す文書には、必要な情報を、意図する通りに、誤解なく伝えることが求められます。だから、「あれも、これも並べ立て」「誰からも批判されず」「あとで責任を追及されない」文章にするのです。その結果、「悪文の見本」のようなわかりにくい日本語になってしまうのです。

● 司法の日本語

　一般に法学関係の文章は一つの文が長く、表現も難解なものが多いといわれています（例えば日本国憲法の前文）。しかし、そこには司法特有の理由もあるようです。すなわち、そもそも言葉というのは多義的であいまいなものであるから、わかりやすい文章を書くことは誤解を生む原因となる。だから「日常の用語から乖離しているほどよい。つまりわかりにくいことが大切だ」というのです（井田良、佐渡島紗織、山野目章夫『法学を学ぶ人のための文章作法』有斐閣）。

　学校教育で文学作品に多く接するためか、日本では「難解な文章ほど高尚である」という思い込みがあるように思えてなりません。しかし、私たちが普段書く文章は、高尚である必要は

ありません。100人の人が読んでサッと意味がわかり、しかも一通りにしか解釈できない日本語こそが日常における最高の文章だと私は思うのですが、いかがでしょうか。まずはわかりやすい文章を書けるスキルを身につけたいものです。

⊃ ⊃ ⊃ 著作権に留意する

　他人の文章を引用したり、図表を転載したりする場合は出典を明示し、著作権を侵害しないようにしましょう。論点やアイディアを「無断借用」するのもご法度です。借用した場合は必ず参考文献に挙げておきましょう。一般に本格的な論文は「引用」を多用しますが、引用が多いと読みづらくなる一因にもなりますので、論文以外では引用は最低限にとどめておくほうがよいでしょう。

　なお、他人の文章を盗用すると、「言葉の使い方」ですぐバレてしまいます。最近では、iThenticate といった優れた不正コピペ検索ソフトもあり、それで検索すれば、たちどころに盗用したかどうかが判別されます。無断盗用で学者生命を絶たれた人も少なくありません。プーチン大統領の学位論文にも盗用があったとされています（黒木登志

夫『知的文章術入門』 岩波新書)。

　著作権侵害は犯罪です。被害者である著作権者が告訴することで、最高10年以下の懲役又は1000万円以下の罰金が科せられる場合もあります（著作権法第119条）。文章を書くのは大変ですが、それは自分を高めるチャンスでもあることを忘れないでください。

第 ⑥ 章

書くことを何も思いつかない
人のために

output の前にinputを

● 材料なしでは料理は作れない

文章を書く(=output)という作業は料理を作ることに似ています。料理は材料がなければ作れません。それと同じで、書くためにはまず材料を仕入れること(=input) が必要です。ところが、**何を書けばよいかわからないという人の多くは、材料がそろっていないのに料理を作ろうとします**。これでは書けるはずがありません。前に水面に浮かぶ氷山のたとえ話をしました。また、新聞記者は「十調べて一を書く」ということも紹介しました。書くためには豊富な知識がいります。さまざまなことに好奇心を持ち、「なるほどそういうことだったのか」という体験をたくさんすることが必要です。

● 材料の仕入れには「知りたい」という気持ちが重要

スーパーマーケットに材料を買い出しに出かけるのは、こんな料理を作りたいという目的があるからです。それと同じよう

に、何かについて「知りたい」という気持ちがなければ、情報は目の前を素通りしていくだけです。常にアンテナを張って意識的に情報を集めることが必要です。

　考えてみれば、私たちの周りにはよくわからないことがたくさんあります。なぜ日本と韓国は仲良くなれないのか。なぜウクライナで戦争が起きているのか。日本経済はこの先どうなるのだろうか。AI（人工知能）は私たちの未来をどのように変えるのだろうか。何のために生きているのだろうか。幸せって何だろうか……。いくら考えても永遠に答えが出てこない問題もたくさんあります。

　もちろん、こうした疑問をスルーしても生きていくことはできます。でも、こうした疑問に何の関心も持てない人は、はっきりいって文章を書くことには向いてません。世の中に、文章を書くためのマニュアル本はたくさん出版されています。しかし、いくらそうしたマニュアル本を読んでも、残念ながら文章を書けるようにはなりません。料理は材料が勝負です。お寿司屋さんは、よいネタを仕入れることなしにおいしいお寿司は握れません。文章を書くこともそれと全く同じです。日頃からの情報集めが書くための第一歩なのです。

● フロー情報とストック情報

人間は本質的に「知りたい」という欲求を持っています。そうした欲求を満たすために、私たちはさまざまなものから情報を得ています。一般に、情報には2種類あります。最新情報を伝える**フロー情報**と、その背景を深く掘り下げる**ストック情報**の2種類です（池上彰『考える力がつく本』プレジデント社）。

例えば、2022年2月、ロシアはウクライナに侵攻しました。テレビは連日、首都キーウ（キエフ）などへのミサイル攻撃や空爆の様子を長時間にわたって伝えています。新聞も、ロシア軍がどこそこの都市を攻撃したとか、死者が何人出たとか、ウクライナのゼレンスキー大統領がどこそこの議会でオンライン演説したとか、国連総会がロシア非難決議を採択したといった最新情報を流しています。

しかし、**テレビや新聞で報道される内容は、今、現にウクライナで何が起きているかというフロー情報ばかり**で、そもそもロシアがなぜウクライナに侵攻したのかという根本原因についてはほとんど報道しません。すなわち、新聞やテレビ、インターネット情報からは、ウクライナで起きていることについて「知る」ことはできても、その背景にある根本問題を「理解」することはできません。

　実はロシアがウクライナに侵攻した理由を説明するのは、そんなに簡単なことではありません。近代兵器を使って人殺しをするのです。そんな大それたことを実行する背景には複雑な事情があります。第二次世界大戦後の冷戦、ソ連崩壊、その後のNATOの拡大、さらにさかのぼれば、ナポレオンによるモスクワ侵攻、第二次世界大戦でヒトラーがソ連に侵攻し2000万人以上の人が亡くなった歴史など、すべてのことが関連しています。こうした事情は、テレビや新聞のフロー情報ではほとんど扱われません。放送時間や記事のスペースに限りがあるからです。したがって、問題の根本を理解しようと思ったら、**政治、経済、歴史などの書籍に蓄積されたストック情報**を利用するしかありません。「ふーん」ではなく「なるほど」と思えることが大切なのです。

● 書くためにはストック情報が不可欠

　なぜ、情報を二つの種類に分類するのかというと、あなたが何かについて文章を書きたいと思ったとしても、フロー情報だけでは底の浅い内容しか書けないからです。そして、**もしあなたが文章を書けないとすれば、その原因はあまり本を読まない（＝関連する知識がない）ことにあると確信する**からです。切り口の鋭い文章を書こうと思ったら、ストック情報は不可欠で

す。

　ストック情報がなければ、「昨日どこそこで、おいしいもの
を食べた」とか、「友達とどこそこに行ってきた」などという
他愛もない文章しか書けません。さらに一歩進んで読む人を納
得させる文章を書くためには、普段からストック情報（≒書
籍）に親しみ、幅広い知識を蓄えておくことが必要です。

（2）

フロー情報を集める

　前節で、ストック情報が重要だといいましたが、もちろんテ
レビや新聞などから得られるフロー情報も重要であることはい
うまでもありません。この節では、新聞やテレビ、インター
ネットを用いた情報の集め方についてお話ししたいと思いま
す。

1 情報源としての新聞

● 新聞の紙面構成と発行部数

　日本の初期の新聞は4ページで構成され、1ページ目と2ページ目は政治や経済の記事が中心で、社会面と呼ばれる3ページ目は事件や事故のニュースが中心でした。現在、新聞のページ数は30〜40ページと大幅に増えていますが、政治、経済、国際情勢、スポーツなど、どのページに何の記事を載せるかはだいたい決まっています。ちなみに社会面（三面記事）は今でも昔のままの位置で、最終ページの裏側にあります。

　新聞の種類は大きく、全国紙、ブロック紙、地方紙に分けられます。全国紙とは全国に販売網を持っている新聞で、読売新聞、朝日新聞、毎日新聞、日本経済新聞が該当します。関東圏と関西圏を中心に販売する産経新聞も全国紙に近い存在です。一方ブロック紙とは特定の地域ブロックを対象に販売されている新聞で、北海道新聞、東京新聞、中日新聞、中国新聞、西日本新聞などがこれにあたります。そのほか、県紙とも呼ばれる地方紙があります。

　日本は新聞王国で、発行部数世界第1位を読売新聞、続いて第2位を朝日新聞が占めています。1980年代には、読売が約1000万部、朝日が800万部といわれていました。しかし、

最近はインターネットに押されて、新聞の発行部数が急速に減少しています。現在は読売新聞731万部、朝日新聞481万部となっています（2021年1月調べ）。

● ざっと目を通す

　朝刊の文字数はおよそ20万字です。これは新書1.5冊分に相当します。ですから全部読む必要はありません。最初に見出しだけをざっと見ます。新聞社が重要だと判断した記事は大きな見出しがついていますから、そういう見出しを中心に見ていきます。そして興味がある記事があったら、見出しの近くにある「リード文」を読みます。

さらに詳しく知りたかったら「本文記事」を読みます。私の場合、このやり方で全ページに目を通すのにものの10分もかかりません。もっともこれは私が新聞を読み慣れているからで、世の中のことをまだよく知らなかった20代の頃は、新聞を読むのに毎日数時間もかけていました。

新聞の1面

● 新聞の読み比べ

　1面にどの記事を配置し、どのくらいの大きさで扱うか、ま
た、どういう論調で書くか。こうしたことは新聞社によってし
ばしば異なります。ですから、新聞記事は客観を装いながら実
は主観的に書かれているということを忘れないでください。

　とりわけ、政治がらみの記事については、新聞社によって報
道姿勢に大きな違いがあります。産経新聞と読売新聞は政府寄
りで保守的といわれます。これに対して、朝日新聞、毎日新
聞、中日新聞、東京新聞などは政権に批判的でリベラルといわ
れます。特に、憲法改正、集団的自衛権の行使、原子力発電、
沖縄問題などについては新聞社の色合いがはっきり出ます。新
聞から情報を得る場合は、こうした違いにも気を配ることが大
切です。

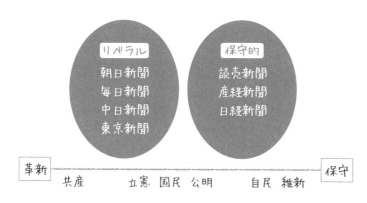

筆者がイメージする保守とリベラル

● 記事の保存

　新聞記事は年間約5万円の商品です。読みっぱなしではもったいない。気に入った記事はぜひ保存しておきたいものです。ポイントは「その日のうちに処理する」ということです。あとで整理しようと思ってため込むとそのうち忘れてしまいます。私のオススメは、気に入った記事があればそのページを丸ごと破って書斎に持っていき、必要箇所をハサミで切り抜いてA4サイズにコピーし、分野別にしてクリアーファイルに保存するやり方です。その際に大切なことは、記事の出所と日付を書いておくこと、および縮小（または拡大）機能を使ってサイズを統一しておくことの2点です。そうしておくと管理が楽だし、あとで利用する場合に出典を明記できます。ただしこの方法は、新聞をページごと破いてしまうため、家族からは評判が悪いです。今ならスマホのカメラで撮影して保存しておくのもいいですね。

② 情報源としてのインターネット

● インターネットの特性

　この20年ほどで、インターネットは劇的に進化しました。今やスマホ一つあれば、いつでもどこでも素早く検索すること

ができます。ただし、インターネットを利用する場合には、その特性を理解したうえで利用することが大切です。

　第一の特性は、インターネットのサイト運営会社の多くは自分では取材活動をしないという点です。例えばヤフーニュースというポータルサイトがあり、そこにはさまざまな記事が掲載されていますが、その多くはヤフー自身は取材活動をしていません。ネットニュースの３分の１から半分近くの元ネタは新聞ともいわれています。ヤフーは新聞社、放送局、雑誌社など多くのメディアと提携し（https://news.yahoo.co.jp/media）、情報を得て配信しているにすぎないのです。その際、元の記事の見出しよりセンセーショナルな見出しがつけられることがよくあります。アクセス数を稼ぎ広告収入を増やすためです。また、社会的な必要性よりも、人々の興味・関心に基づいた記事が配信される傾向があるのもインターネットの特性です。その意味ではインターネットは新聞記事とは違って、一種の「娯楽」と考えたほうがよいかもしれません。

　第二の特性は、インターネット情報は基本的に第三者の編集者がいないという点です。新聞や書籍は第三者の編集者がいます。もし記載内容に間違いがあれば、編集者がそれをチェックし正す機会があります。しかし、インターネット情報にはそうしたチェック機能はありません。仮に内容に誤りがあってもそ

のまま発信されます。誰でも自由に発信できますから、中にはいわゆる「トンデモ情報」も混じっています。玉石混交の情報の中から、いかにして有益な情報だけを取り出すか。実はこれはかなり難しい作業です。相当の知識がないと判断ができません。その意味では、インターネットという情報ツールは、かなり上級者向けであるともいえます。

　第三の特性は、インターネットは自分の好きな記事しか見なかったり、過去のクリック履歴から、ユーザーの好みに合った情報が優先的に表示されたりします。このため考え方に偏りが生じる危険があります（**フィルターバブル**）。SNSでも同じ考え方の人ばかりが集まり、違った考えを持つ人が排除される傾向があります（**エコー・チェンバー現象**）。インターネットを活用する際には、こうした点にも気をつけたいものです。

● ネット活用術

　まだまだ発展途上のインターネットですが、もちろん、インターネット情報にも有益な情報はたくさんあります。むしろ、そのほうが多いといえます。キーワードを検索したり、関連リンクをたどったりしていくと、知らなかった知識や思わぬ世界に誘われることもあります。またインターネットで得た情報をきっかけに、さらに本を読んで調べてみようと思うかもしれま

せん。優良なサイトを選んで利用すれば、インターネットは情報の宝庫といえます。また、論文等を書く場合、統計データの類は必ず国家機関が発表したデータを用いるようにしてください。政府発表なら安心です（ただし、国によっては例外があります）。利用したデータが政府の公式統計でないと、それだけで論文としての価値を失うこともあります。また、大学などの機関が発表しているサイトも比較的信頼性が高いといってよいと思います。

● 本当に有益な情報は有料

　インターネット情報は基本的に無料で提供されています。しかし、もし皆さんがインターネットを利用すればどんな情報でも手に入ると思っているとしたら、それは大間違いです。少し考えればわかることですが、無料で手に入る情報なんて高々知れています。本当に有益な情報は有料と考えるべきです。例えば、ウィキペディアは無料で利用できますが、内容の信頼性という点ではまだ十分とはいえません。ある大学の先生は、ウィキペディアに間違いを発見しても、誤りを訂正する義務はないのでそのままにしておくといっておられました。ウィキペディアは市民権を得つつありますが、まだそのレベルであることを知っておいてください。

かくいう私も、高校生に教える授業内容をホームページで発信していますが、とっておきの話は公開していません。「ここだけの話」は、授業料を払ってくれた生徒にしか話しません。当然のことです。

　私たちが身銭を切って新聞を購読し雑誌や本を買い求めるのは、たとえお金を払ってでも知りたい情報がそこにあるからです。最近は有料記事が増え、紙媒体の有料記事がネットの中に入り込む現象がいろいろな分野で見られます。なかでも雑誌の有料サービスはけっこう読み応えがあります。例えば「楽天マガジン」は年間4000円ほど支払えば、1000誌以上の雑誌が読み放題になります（ただし、記事の一部がカットされていることも多いです）。週刊誌や趣味の雑誌を始め、『PRESIDENT』『週刊東洋経済』『週刊エコノミスト』といったものまで読むことができます。こうした雑誌をちらちら眺めていると、これまで知らなかったこととの新しい出会いがあり教養が深まります。

❸ 情報源としてのテレビ

● テレビは情報の宝庫

　近年、インターネットを利用する人が増え、20代から30代

の若い層を中心に「テレビ離れ」が加速しています。特に16〜19歳においては約半分が「ほぼテレビを見ない」という結果が出ています。また全年代で見ても、テレビを見る時間よりインターネットを利用している時間のほうが長くなっています（2021年度『情報通信白書』）。それでもまだ「**テレビは情報の宝庫**」といえます。

　文章を書くために必要な条件は、最終的には体系的な知識と幅広い教養です。その幅広い教養を身につけるためにはテレビは非常によい手段です。テレビの番組にはディレクターがいます。最新の機器を用いた美しい映像があります。専門家の知見を取り入れて構成されています。テレビに娯楽を求めるのはもちろんアリです。それと同時に、テレビを通して未知の世界を知り、自分の教養を広めることももちろんアリです。むしろ、そうした使い方をしないともったいない気がするのです。たとえ**リアルタイムで見ることができなくても、録画機能を使えばどんな時間帯の番組でも視聴できます**。皆さんもテレビの番組欄を見直し、教養を身につけるための手段としてテレビを活用してみませんか。

● 放送局と新聞社との関係

　民放のテレビ局（在京キー局）には日本テレビ、テレビ朝

日、TBS、フジテレビ、テレビ東京の5社があり、これらのテレビ局は制作した番組を各地方の系列局に送り出しを行なっています。在京キー局以外では在阪局なども番組を多く送り出しているため、準キー局と呼ばれています。

　テレビ局の株式は、大手の新聞社が大株主となることによって、両者は強く結ばれています。読売新聞グループ本社は、日本テレビ（東京）の株式の14.4％、読売テレビ（大阪）の株式の13.7％を所有しています。同様に朝日新聞はテレビ朝日（東京）の株式の24.7％、朝日放送（大阪）の株式の14.9％を所有しています。新聞社とテレビ局（在京、在阪）の関係をまとめると次のようになります。

新聞社	キー局（在京）	準キー局（在阪）
読売新聞	日本テレビ	読売テレビ
朝日新聞	テレビ朝日	朝日放送
毎日新聞	TBSテレビ	毎日放送
産経新聞	フジテレビ	関西テレビ
日本経済新聞	テレビ東京	テレビ大阪

新聞社とテレビ局の関係

　新聞社の報道は、政治的な問題については保守、リベラルの色分けが比較的はっきりしています。しかしテレビの場合は、放送法第1条で「放送の不偏不党」であることが定められてい

るため、新聞のようなあからさまな主張の違いは見られません。

● ニュースで情報収集

　まず、皆さんにお勧めしたいのは、毎日の報道番組を見るということです。その際に大切なことは、報道される出来事を**他人事と思わないで、自分のこととして受け止める**感性です。事件・事故、災害、沖縄のことなど、他人の痛みを自分の痛みに置き換えることによって、ニュースは初めてその真の姿を現します。そしてニュースを通して社会の動きを知り、これからの自分の生活に生かしてほしいと思います。各放送局とも、さまざまな工夫を凝らして報道番組を制作しています。私のオススメの報道番組のリストをあとに掲載しておきますので、参考にしてください。

● 視聴率という呪縛

　民放のテレビ局の社員数は1200人程度と非常に少ないです。民法の収益源がCMであることはよく知られていますが、社員の仕事の中心がCMをとってくる営業活動だということは意外と知られていません。では、誰が番組を作るのかというと、実は下請けの制作会社です。つまり、テレビ局が発注した

番組を下請け制作会社が作り、テレビ局はそれを買って放送しているのです。

　下請けの制作会社に番組を発注する場合、テレビ局はプロデューサーを1人出すだけで、番組制作にかかわる99％は外注スタッフというのが一般的だそうです。プロデューサーは番組の予算・部下の管理・視聴率の達成などすべての責任を負います。テレビ局は視聴率に非常に敏感です。理由は、視聴率の高さがCM料金すなわちテレビ局の利益を左右するからです（p.160コラム参照）。そのため下請け制作会社にとっては視聴率を上げることが至上命令になります。視聴率が取れないと番組はすぐ打ち切りになり、次の仕事がもらえなくなります。そこでやってはいけないと思いながらも過剰演出、やらせ、ときには捏造に手を染める事態が起きるわけです。

　また視聴率を上げるためには、何よりも「面白さ」「わかりやすさ」が優先され、難しい内容は敬遠されます。視聴率が下がる海外ニュースも敬遠されます。毎日、帯番組として放送されるワイドショーも、月・火・水・木・金の番組をそれぞれ別の制作会社に下請けに出し、制作会社同士で視聴率を競わせます。結局、視聴率を競うという民放の構造が、どのチャンネルを回しても申し合わせたように横並びの放送内容を生み出す原因となっています。じっくりと時間とカネをかけた報道や教養

番組を作ることは、営利企業である民放には難しいといえます。そのことはあとで紹介する教養番組のリストにも表れています。

● NHKにも弱点

その点、年間6700億円（2021年度）にも上る受信料に支えられたNHKは、民放ほどには視聴率を気にする必要はありません。NHKは全国に54の放送局を持ち、職員数は1万人を超えます。契約・派遣社員を加えれば規模はその倍になるといわれ、予算・スタッフともに充実しています。ですからNHKは、ニュース番組の掘り下げや教養番組に圧倒的な力を発揮します。

しかし、NHKにも弱点があります。政治権力に弱いという点です。NHKは外国のニュースや過去の日本の問題については鋭い分析をしますが、「現在」の日本の政権問題になると、途端に腰が引ける傾向があります。また、アメリカを批判する放送もほとんど見たことがありません。組織の内部で私たちが知らない力学が働いているのかもしれません。かつてNHKの籾井勝人元会長が「政府が右ということを左と伝えるわけにはいかない」と発言して、問題になったことがありました。

● 私のオススメのwebサイト

サイト名	URL	コメント
NHK	https://www.nhk.or.jp/	NHKの公式ホームページ。ニュース、各種教養講座、NHKスペシャル、アーカイブスなど、どのような内容の番組がいつ放送されるか（または放送されたか）を知るのに便利。
NHK解説委員室	https://www.nhk.or.jp/kaisetsu-blog/	NHKが放送した「視点・論点」「時論公論」「日曜討論」などの内容を読むことができる。硬いテーマもイラスト入りでわかりやすく解説しており、基本的な論点を知るのによい。
東洋経済オンライン	https://toyokeizai.net/	東洋経済が運営する。ビジネス、経済、就職情報など、ビジネスパーソンのための情報を配信している。
週刊エコノミストオンライン	https://weekly-economist.mainichi.jp/	毎日新聞が運営する。経済ニュース、歴史・教養などテーマごとのタブが細かく分かれていて、情報チェックに使いやすい。
プレジデントオンライン	https://president.jp/	プレジデント社が運営するビジネスパーソン向けの総合情報サイト。
文春オンライン	https://bunshun.jp/articles/-/56834	文藝春秋が運営するニュースサイト。経済、ビジネス、芸能、エンタメ、読書など幅広い情報を掲載する。
ニューズウィーク日本語版	http://www.newsweekjapan.jp/	アメリカ、ロシア、中国など海外視点からの記事が多く、海外情勢を概観するのに便利。日本のメディアにはない情報がある。
CNN日本語版	https://www.cnn.co.jp/	CNNは全世界20億人に伝えている世界最大のニュースブランド。国際や経済のニュースのほか、スポーツやカルチャーなど幅広い情報を提供する。
野口悠紀雄Online	https://www.noguchi.co.jp/	元東京大学教授（経済学）が開設するホームページ。
南英世の政治・経済学教室	http://homepage1.canvas.ne.jp/minamihideyo/	私が高校で行なった「政治・経済」の授業内容を公開している。1999年に開設以来130万件のアクセスがある。

● 私のオススメの報道系番組

【 ニュース番組 】

番組名	放送系列	内容紹介
ニュース7	NHK	毎日19時から30分間生放送される、日本を代表するニュース番組。
ニュースウォッチ9	NHK	1時間の枠でその日の日本や世界で起きたさまざまな出来事を伝える。NHKを代表する報道番組の一つ。放送は月〜金曜日の21時から。
列島ニュース	NHK	2020年からスタートした番組で、全国に54あるNHKの各放送局が地域向けに放送したニュースから選りすぐった内容を発信する。自分が住んでいる地域以外の地域の動向や課題を知ることができて面白い。放送は月〜金曜日13時5分から。
国際報道2023	NHK	2014年から放送されている本格的な国際ニュース番組。NHKが海外に持つ取材網を駆使して、現地からの中継やリポートを交えながら伝える。放送は火〜土曜日の23時45分から。
ワールドニュース	NHK BS1	世界の主要放送局のニュースを、現地のオンエアから最短30分の時差で日本語通訳付きで伝える。また、日本に関するニュースがアメリカやフランス、ロシアや中国ではどのように伝えられているのかも興味深い。
報道ステーション	テレビ朝日	1985年から始まった「ニュースステーション」の後番組として、2004年から放送を開始。政治や経済の難解な用語を図や模型などを使ってわかりやすく伝える。テレビ朝日の看板番組。放送は月〜金曜日21時54分から。
news zero	日本テレビ	2006年から続いている報道番組。その日に起こった政治、経済、社会、芸能、スポーツの話題をわかりやすく伝える。放送は月〜金曜日23時から。
news 23	TBS	その日の出来事を幅広く伝える報道番組。news23は今年で33年目となる。放送は月〜木曜日は23時、金曜日は23時30分から。

（番組紹介ページの放送時間等は2023年2月現在）

【 調査報道 】

番組名	放送系列	内容紹介
クローズアップ現代	NHK	政治経済や暮らしに直結した話題など、一つのテーマを取り上げて徹底した現場取材で掘り下げる報道番組。放送は月～水曜日 19:30 から。
視点・論点	Ｅテレ	1991 年から放送されているニュース解説。出演者の語りを中心に構成される 10 分間の番組である。図表や映像も使用しわかりやすく説明する。放送は月～水曜日 12 時 50 分から。
時論公論	NHK	最近起きた事件や話題について、その背景や展望を豊富なイラストでわかりやすく解説する。放送は月～金曜日 23 時 35 分から。
真相報道バンキシャ！	日本テレビ	その週に注目されたニュースを取り上げ、同局のディレクター陣が『番記者』として取材報告する。報道番組としては高い視聴率を維持している。放送は毎週日曜日 18 時から。
報道特集	TBS	1980 年に放送が始まったニュース解説番組。独自の取材でテーマを掘り下げ、キャスターが現場に出向いて自らの言葉で伝える。放送は毎週土曜日 17 時 30 分から。

【 ニュースバラエティ 】

番組名	放送系列	内容紹介
池上彰のニュースそうだったのか！！	テレビ朝日	最近話題となっているニュースの基本をわかりやすく解説する。普段はニュースなんて見ないという人にもぜひ見ていただきたい池上彰の冠番組である。放送は毎週土曜日 19 時 54 分から。
情報ライブミヤネ屋	読売テレビ	2006 年から続く宮根誠司の冠番組である。月曜日から金曜日 に生放送されている。ワイドショー番組ながら権力にも鋭く切り込む姿勢を見せる。放送は月～金曜日 13 時 55 分。
サンデーモーニング	TBS	1987 年から生放送で関口宏が総合司会を務める。同一司会者による報道番組では最長寿で、TBS の看板番組である。放送は日曜日 8 時から。

● おススメの教養番組

教養番組は予算・スタッフともに充実しているNHKの番組が圧倒的に多いのが特徴です。ここに挙げたのはほんの一例にすぎません。皆さんも自分の好みに合わせて探してみてください。

【 歴史・地理 】

番組名	放送系列	内容紹介
映像の世紀 バタフライエフェクト	NHK	1995年に放送を開始した「映像の世紀」はその後、「新・映像の世紀」「映像の世紀プレミアム」、さらには「映像の世紀バタフライエフェクト」として受け継がれている。蝶の羽ばたきが巡り巡って竜巻を起こすように、一人ひとりのささやかな営みがいかに世界を動かすのか。イチオシの歴史教養番組である。放送は月曜日夜22時から。
世界遺産　時を刻む	NHK BS プレミアム	世界遺産を題材とした教養番組である。全15回。世界中に広がる世界遺産を訪ねて紹介する。放送は水曜日18時04分から。
大河ドラマ	NHK	歴史の大筋は変えられないが、基本的にはフィクションである。日本史に対する興味付けとして面白い。放送は日曜日20時。
歴史探偵	NHK	『歴史秘話ヒストリア』の後継番組として登場した歴史教養番組である。NHK大阪放送局が制作する。さまざまな調査や実験などを通して日本の歴史で起きた事件の真相に迫る。放送は水曜日22時から。
英雄たちの選択	NHK BS プレミアム	日本の歴史を大きく変える決断をした英雄たちの心の中に分け入り、歴史的決断の意味を深く掘り下げる。司会は磯田道史国際日本文化センター教授。放送は水曜日20時から。
ブラタモリ	NHK	人々の生活と地形・地質がいかに関わっているかをタモリが全国各地を歩いて紹介する。放送は土曜日19時30分から。
新日本紀行	NHK BS プレミアム	日本各地の風土や人々の営みを描く。放送は土曜日5時27分から。

世界遺産	TBS	1996 年から放送が開始された。PTA の「子供に見せたい番組」の上位に常に入る。映像も大変きれいで数々の受賞歴に輝く。放送は日曜日 18 時から。
世界ふしぎ発見	TBS	1986 年から放送されている長寿番組。世界各国の歴史、風土、文化などを、司会者と解答者がクイズ形式で紹介する。放送は土曜日 21 時から。
イッピン	NHK BS プレミアム	2012 年に放送が開始されたドキュメンタリー番組。日本各地の職人が生み出す優れた工芸品のイッピン（「逸品」・「一品」）をレポーターが紹介する。放送は火曜日昼 12 時から。

【 健康・人生・芸術 】

番組名	放送系列	内容紹介
きょうの健康	Ｅテレ	1967 年に放送が開始された健康情報番組。がんのような命に関わる病気から日々の健康づくりに役立つ効果的な運動の方法まで、専門家をゲストに迎え毎回テーマを決めてわかりやすく解説する。放送は月〜木曜日 20 時 30 分から。
チョイス＠病気になったとき	Ｅテレ	2013 年に放送を開始した健康番組。病気の予防・早期発見から、病気になったときの治療法・必要な経費など、患者目線に立ったさまざまな選択肢（チョイス）を提示する。放送は土曜日 8 時から。
こころの時代	Ｅテレ	1962 年から続く長寿番組。経済や科学が判断基準となりがちな現代において、それだけでは解決できない生老病死の問題に先人たちはどう取り組んだのかを考える。放送は日曜日早朝 5 時。
情熱大陸	毎日放送	1998 年から続く人間密着ドキュメンタリー番組。各界の第一線で活躍する人物やグループにスポットを当ててその素顔に迫る。放送は日曜日 23 時から。
クラシック TV	Ｅテレ	2021 年から放送されているクラシック音楽のビギナーのための音楽教養エンターテインメント番組。ピアニストの清塚信也と、歌手・モデルの鈴木愛理が、ゲストとともにクラシック音楽の楽しさを伝える。放送は木曜日 21 時から。

【 自然・地球・科学 】

番組名	放送系列	内容紹介
ダーウィンが来た！	NHK	2006年から放送されている動物番組。迫力ある映像で生き物の素晴らしさを伝える。世界で初めて観察された行動など貴重な映像も多い。放送は日曜日19時30分から。
サイエンスZERO	Eテレ	2003年から放送されている科学教育番組で、世の中を"サイエンスの視点"で見る。さまざまな社会問題や身近な事柄について切り込む。放送は日曜日23時30分から。
フランケンシュタインの誘惑 科学史 闇の事件簿	NHK BS プレミアム	フランケンシュタインが理想の人間を作ろうとして怪物を生み出したように、科学の発展の陰には非人道的な研究が数多くあった。そんな闇に埋もれた事件に光を当てる。放送は毎月最終木曜日21時から。
体感！グレートネイチャー	NHK BS プレミアム	世界各地の究極の大自然の姿を紹介する。2011年に放送された番組で、その後『驚き！地球！グレートネイチャー』として引き継がれている。放送は木曜日昼12時から。
コズミックフロント	NHK BS プレミアム	誕生から138億年。その壮大な宇宙を本格的なCGを使って壮大な物語にして紹介する科学番組。放送は木曜日22時から。
ヒューマニエンス	NHK BS プレミアム	「ヒューマニエンス」とはサイエンスとヒューマンを組み合わせた造語である。生命誕生から40億年。ヒトはどのように誕生し進化したのか。その秘密と生命の神秘に迫る。放送は火曜日22時から。

【 総合 】

番組名	放送系列	内容紹介
NHKスペシャル	NHK	1989年に放送が開始された。最近の時事問題をはじめ、歴史・宇宙・自然・災害などに鋭いメスを入れる。文句なしにお勧めしたい硬派なドキュメント番組である。放送は日曜日21時から。
漫画家イエナガの複雑社会を超定義	NHK	2022年から始まった若年層をターゲットにした15分間の教養番組。複雑でわかりにくい社会問題について、漫画・アニメ・CGを活用してわかりやすく解説する。放送は金曜日23時15分から。

コ ラ ム　テレビの CM、15 秒でいくら？

　民放の場合、スポンサー企業が支払う広告料は視聴率が高いほど多くなる仕組みになっています。理由は視聴率が高いほど宣伝効果が大きいからです。何しろ、1 億人の 1 ％は 100 万人です。視聴率が 1 ％違うだけでも、宣伝効果は大きく違ってきます。

　CM にはタイム CM（提供）とスポット CM という二つのタイプがあり、放映料は放送局や時間帯により異なります。例えば、15 秒のスポット CM を全国放送で 1 回放映する場合の料金は、基本的に次のように計算されます。

放映料＝（8 〜 15 万円）×視聴率（％）

　例えばゴールデンタイムで視聴率 15 ％の場合、15 秒 1 回の放映料は 15 万円× 15 ％＝ 225 万円になります。このような仕組みであるため、民放は視聴率の取れる番組作りに躍起になるわけです。

③

ストック情報を集める

● 書店に出かけて本を探す

「本は買って読め」というのが私の基本スタンスです。人間は
欲張りな動物です。身銭を切って本を買うと何とかして「元を
取ろう」とします。だから真剣に読みます。それに、買った本
は線を引いたり書き込みをしたりして汚すこともできます。イ
ンターネットで得た知識が身につかないのは、それが「無料」
で提供されているからであり、線を引くことができないからで
す。

　では、どういう本を読めばよいのか。最近はインターネット
でも本を購入できますが、できれば実際の書店に足を運んで現
物を見て買うことをお勧めします。大きな書店に行くと、本は
だいたい分野別に並んでいます。その中から関連する本を見つ
けるのですが、パラパラとめくってみて「少しやさしすぎるか
な」というくらいの本がちょうどよいと思います。例えば岩波
新書ではなく岩波ジュニア新書といった具合です。チラ見して

難しいと感じる本は途中で読むのが苦痛になったり、挫折したりするリスクが高いのです。また、**買おうかどうしようか迷ったらとりあえず買っておく**ことです。最近は本の回転が速く、次に書店に行ったときには引き上げられてしまっていることもしばしばです。中には「ハズレ」の本もあると思います。その場合はごみ箱に捨てても構わないのですが、新刊本の場合はフリマアプリなどで出品すればすぐに売れますので、大した損にはなりません。本は高いように見えますが、読んでしまえば安いものです。その中に書かれている情報量を考えると、コスパは抜群です。

ⓒⓇⓜ ジャーナリスト 立花隆の本の読み方

立花隆（1940 〜 2021）は「田中角栄研究〜その金脈と人脈」（1974）を月刊誌に発表し、田中元首相失脚のきっかけを作ったことで有名です。彼の蔵書数はざっと10万冊といわれました。その半分以上が

「田中角栄研究」文藝春秋

古書店で買ったものです。理由は、若い頃はあまり金がなかったからです。

　彼はテーマが決まると、神田の古書店にライトバンで乗り付け、車いっぱいに古書を買い込むのが常であったそうです。

● 2種類の本

　本には2種類あると思ってください。じっくり時間をかけて読む本と、時間をかけないでさらっと読む本の2種類です。**時間をかけて読む本は教科書などの基本書**と呼ばれるものです。これは半年とか1年とかの時間をかけてゆっくり読み進めます。基本書のよいところは、知識が体系的に学べることです。バラバラな知識では単なる物知りにすぎません。クイズ番組でいくら正解できたとしても、バラバラな知識では物事を深く考えることができません。特に、何かについて書きたいと思ったら、急がば回れです。基本書とじっくり向き合って、体系的な知識を身につけましょう。特に特定の分野について最初に取り組む場合は、基本書を熟読することが欠かせません。

　いったん基礎的な知識が頭に入ったら、その後はさらっと読むことも可能になります。本は買ったからといって、必ずしも

<u>1冊全部を読む必要はありません</u>。自分が知りたいことの答え
を探しながら、必要な箇所だけを読むこともアリです。著者の
メッセージをつかむためにメリハリをつけて読む方法も、もち
ろんアリです。たいていの本は、著者が強調したいことは本の
最初の部分に書かれています。これは販売戦略上の理由からで
す。もし、読んでいる途中で内容がつまらないと感じたら、そ
の時点で読むのをやめるのもアリです。また好きな著者に出
会ったら、その人の書いた本を全部買って読むのもオススメで
す。

● 集中力を持続させる方法

　読書をするにはものすごい集中力が必要です。集中力を持続
できる自分なりの方法を見つけるとよいと思います。私の場
合、一番集中できるのは電車の中です。特に朝の通勤電車の中
は最高の読書タイムです。頭がさえているうえに、乗車時間と
いう制限時間があるため、その時間内で集中して読もうとする
からです。そのほか、疲れたら場所を変えるとか、別の作業を
して気分転換をするといった方法も効果があります。

● 速読の仕方

　基本書については、時間をかけてゆっくり読むことが必要だ

と書きましたが、**基本的な知識が身についたら、それ以外の本については速読が基本**です。世の中には面白い本がいくらでもあります。1冊の本に時間をかけすぎていては、そうした面白い本と出合う機会を失ってしまいます。私の場合、1日に2〜3冊、多いときには10冊近く読むことがあります。もちろん、10冊といっても、全部を読むわけではありません。パラパラとめくって、要点だけを読みます。せっかく買った本でも「つまらない」と感じたら、読んでいる途中でごみ箱に「ポイ」と捨てることもあります。ただし、世の中には速読に向かない本もありますので注意してください。例えば小説は、速読より味読がオススメです。そういうことを踏まえたうえで、以下、私流の速読術を紹介します。

❶ 文字情報を映像化しながら読む

速読をする場合に大切なことは、文字を音声化しないということです。**たとえ心の中であっても音声化してはダメ**です。文字を見てその意味をダイレクトに頭に叩き込んでいきます。そうすると、パラパラとめくっていくだけで、書かれてある内容がつかめるようになります。

実は、文字情報をダイレクトにビジュアル化あるいは図式化して内容を読み取る方法は、日本語の文章だけではなくいろい

ろな場合に応用が利きます。この方法に私が目覚めたのは18歳のときでした。当時私は浪人をしていたのですが、予備校の現代文の先生が、**「要するに筆者のいいたいことは何ですか」** という質問を繰り返し尋ねてきました。そのおかげで、文章の中身を「大づかみに理解する」という、最も基本的な読み方を身につけることができるようになり、現代文の成績が飛躍的に伸びました。現代文だけではありません。このやり方で古文も漢文も世界史も英語の長文読解も一気に成績が伸びました。特に英語の文章を日本語に変換しないで英文のまま理解できるようになったのは大きな成果でした。

　ただし、読んだ本の内容を意識的に定着させたいと思ったときは、大きな声で音読したほうが効果があるといわれています。隣に住んでいた医学部の学生がよくやっていました。

❷ 目的を持って読む

　人間は何か目的があると、その目的の実現のために一生懸命になります。読書の場合も同じです。「何かを知りたい」という目的がある場合と、「ただなんとなく」読むのとでは、読むときの集中力やスピードに決定的な差が出ます。本１冊を同じような調子で読むのではなく、ここは重点的に読もうとか、ここは軽く読み流そうというふうにメリハリをつけて読むこと

も、速読には欠かせない技術です。

❸ 予測しながら読む

　速読の第三のコツは、予測しながら読むことです。次はこういう展開になるのではないかが予測できるようになると、読むスピードが格段に上がります。特に論理的に書かれた優れた本はこうした読み方が可能です。場合によっては本の３分の１ほど読むと、著者のいいたいことが見えてしまうこともあります。さらに読み慣れてくると、著者の名前を見ただけで、書かれてある内容がだいたいわかるようにもなってきます。

● 知識を定着させる

　たとえ100冊の本を読んだとしても、１年後にその本の表紙を見て何も覚えていなければ、読まなかったのと同じです。読んだ本のエッセンスを知識として頭に定着させるのも大切なことです。そのためには、基本的には読みっぱなしにしないで、何らかの形で振り返る時間を持つこと、あるいはoutputの機会を設けることです。具体的には次の三つがお勧めです。

① 読んだ本の内容を人に話す
② 読んだ本の内容をブログに書く
③ 読書ノートを作る

３番目の読書ノートを作るというのは特にオススメです。読書ノートは人生の記録にもなります。ただし、読書ノートはきれいに書く必要はありません。自分さえ読めれば十分です。対立する意見、因果関係、フローチャートなどを、マル、四角、矢印などを使って**図式化**し、一目見ただけで、秒速で理解できるように工夫します（図式化については次節で解説）。図式化によって知識が整理され、印象に残りやすくなります。なお、著作権侵害を防ぐために、引用箇所はカッコでくくり引用であることを明確にしておきましょう。参考までに、私の読書ノートの一部を公開します。Ａ４判の大きなノートを使っています。

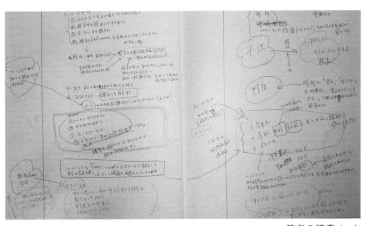

筆者の読書ノート

　読書ノートをとっていると、読むスピードが遅くなるのではないかと思うかもしれません。しかし、それは違います。むしろ読書ノートをとることによってスピードはアップします。不思議ですが、やってみればわかります。

　また、手書きではなくパソコンでまとめるという方法もなくはありません。実はこの方法も試してみた時期がありました。しかし、結果的にはオススメできません。パソコンだと図式化するのが非常に面倒です。また、文章記述が中心になるため、印象に残りにくくなります。やはり「手書き」で「図式化」しながら書くのが一番です。

4

情報は図式化して整理する

● 図式化の方法

　読書ノートを作る際は、なるべく図式化してまとめておくと、あとで利用するときに便利です。私流の図式化の仕方を紹介します。

❶ 二項対立

　二つの対立する考え方や、長所と短所を比較するといった場合のまとめに有効です。

❷ 分類

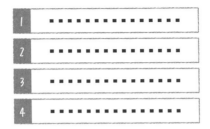

❸ 因果関係

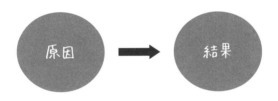

❹ 時間の流れ

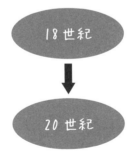

❺ 場合分け

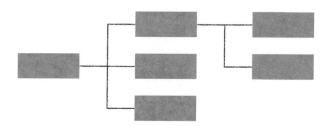

❻ 発展

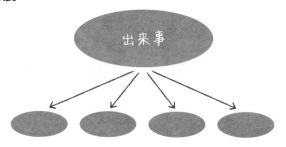

❼ 収束

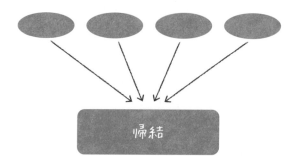

次の読書ノートは、こうした図解を用いた一例です。

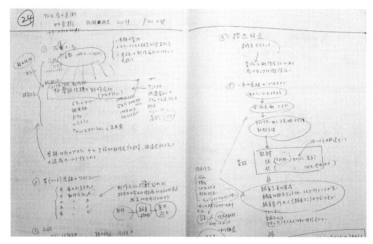

読書ノートの図解

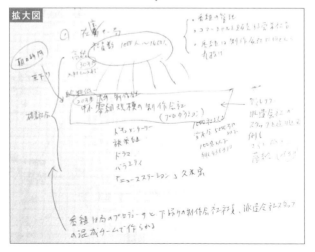

5

考える力を磨く

● 文章を書く力は考える力に比例する

　これまで、基礎体力をつけるための読書の重要性について説いてきました。しかし、ここで重要なことを指摘しておきます。それは「本を読むこと」と「考えること」は全く別だということです。本を読むとは、ただ単に「他人の思考プロセスの後追い」にすぎません。大切なのは、読んだことをきっかけとして「自分で考える」ことです。論語にも「学びて思わざれば則ち罔し」（広い知識を身につけても、自分でそれについてよく考えなければ、本当に理解することはできない）とあります。文章を書くという作業は、最終的には他人の考えではなく自分の考えを書くことです。したがって、**考える力を磨くことによって初めて下書きメモを作る力が身につき、文章を書くための本当の実力**がついてきます。

　ではどうすれば考える力を磨くことができるのでしょうか。私個人の例でいえば、「世の中をもっと良くしたい」「できる

だけ多くの人が幸せに暮らせる社会を作るためにはどうしたらよいか」という思いが、考えることにつながっている気がします。具体的には次のような視点から考えています。

❶ この先どうなるかを予測する

毎日報道されるフロー情報をストック情報と関連付け、さらにこの先、何が起きるかを自分なりに予想します。「よそう」というのは後ろから読めば「うそよ」です。当たらなくてもともと。予想が当たれば「やっぱり」とニンマリし、外れたら「なぜか？」を問い、予想の精度を上げていきます。そして、世の中を良くするにはどうあるべきかを考えます。

❷ 世界や日本の情勢が自分の生活にどういう影響を与えるかを考える

ニュースを見ていても、それが他人事である限り「フーン」で終わります。そうではなくて、そうした世界情勢の変化が自分の生活にどういう影響を与えるかを考えることによって、人は真剣に考えるようになります。例えばロシアのウクライナ侵攻について考えてみてください。エネルギー価格の上昇、食料品価格の上昇を引き起こしています。では、そうしたインフレから自分の財産を守るにはどうしたらよいでしょうか。外の世

界で起きていることを自分のこととして受け止める。そうした発想ができるようになると、考える力に磨きがかかります。

❸ それで得（または損）をするのは誰かを考える

テレビや新聞は、その立場上、知っていてもいえないことがあります。例えば、テレビではあまりに難しい内容は敬遠されます。また新聞は基本的には営利企業ですから、広告主であるスポンサー企業の顔色を無視することはできません。NHKも権力批判に対しては及び腰です。結局、私たちが知らされている情報は、10のうちの２か３ぐらいのものかもしれません。そうした場合、「その政策によって得（または損）をするのは誰か」を考えると、マスメディアが報道しない新たな真相が見えてくる場合があります。

例えばウクライナ戦争。この戦争で得をしているのは誰でしょうか。答えは軍需産業です。アメリカの軍需産業は戦争がなくなれば倒産です。「アメリカにとって戦争は新兵器の実験場であり、古くなった武器の在庫一掃セールだ」と揶揄されることがありますが、あながち的外れとはいえない面があります。

● ルールについて考える（例）

　一つ例を挙げます。世の中にはたくさんのルールがあります。ルールには、必ずそれを定めた目的があります。例えば道路交通法という法律を考えてみましょう。目的はもちろん交通事故の防止です。ではここで問題です。

　[問題] 幅が５メートルほどしかない狭い道に、歩行者用の信号機の付いた横断歩道があります。信号は赤ですが、車の姿は全く見えません。さて、あなたは赤信号を無視して渡りますか。それとも、信号が青になるまで待ちますか？

　これがエスニックジョークなら、次のような答えが想像されます。

　ドイツ人：「規則だから信号を守るのは当然である」

　イタリア人：「渡れるんなら渡っちゃえ」

　中国人：「警官が見ていなければ渡る」

　日本人：「みんなが渡っているなら自分も渡る」

　ある法律家がこの問題について、次のような趣旨のことを書いていました。「そもそも道路交通法が制定されたのは交通安

全のためである。車が全く来ていない状況で交通事故が起こるとは考えにくい。したがって赤信号で渡ることは、あながち否定されるべきことではない。信号は人間のためにあるのであって、人間が信号のためにあるのではない。もっといえば、たとえ車が来ていても、運転手が歩行者に対して『どうぞ渡ってください』という合図をしてくれたら、そこには「私的自治の原則」に基づく合意が成立しているのであり、わざわざ道路交通法を持ち出すまでもなく赤信号でも渡ることは許される。実際、私はフランスでこのような場面に出くわしたことがある」。さて、あなたはどう考えますか?

上の問いに対するあなたなりの考えを、新聞の投書欄に出すつもりで「500字程度」にまとめてみてください。もちろん、あなた自身の経験を入れても構いません。全体の構成は、序論・本論・結論とします。

Ⓒ Ⓛ Ⓜ　現地調査のためにイスラエルに行く

　何かについて知りたいと思ったとき、私たちはネットで検索したり、人に聞いたり、あるいは本を読んだりしていろいろ調べます。では、「あなたが日本で一番信頼できると思う人または機関は何か」と聞かれたらどう答えますか？　昔、ある人が、

　　1位　東大の先生

　　2位　岩波書店

　　3位　朝日新聞

　　4位　NHK

と答えたという笑い話があります。これを称して日本の四大権威と呼ぶらしいのですが、なんとなく雰囲気はわかります。

　しかし、どんなに権威があるとされても、心の中では「果たしてそうか？」という気持ちを忘れてはなりません。その意味で、調べる基本は何といっても現地調査です。「百聞は一見に如かず」です。テレビや新聞記事からは伝わってこないものを肌で感じることができます。自分の目で確かめ、関係者から話を聞いて、初めてわかることもたくさんあります。情報の鮮度もよく、うまくいけば「ここだけ

の話」というのを聞くことができるかもしれません。現地を訪問すると、何よりも他人の痛みを自分のこととして考えられるようになります。

　1994 年にイスラエルを旅行しました。パレスチナ問題をこの目で確かめたかったからです。日本の四国ほどしかないこの国を、1 週間ほどかけて回りました。日本で報道されるイスラエルは、周辺諸国と戦争をしている「危ない国」というイメージですが、私が訪れたイスラエルは平和そのものでした。これは意外でした。1993 年にイスラエルとパレスチナ側との間にオスロ合意が結ばれたことが背景にあったようです。

　また、ユダヤ人はみんなユダヤ教を信じていると思っていたのですが、これも違いました。熱心なユダヤ教徒は 2 割くらいしかおらず、6 割くらいは「一応ユダヤ教徒」、あとの 2 割くらいは無宗教だと聞かされました。

　次の写真は、嘆きの壁でお祈りをする熱心なユダヤ教徒です。日本でイスラエルが報道されるときは必ずこうした映像が流されます。しかし、ハレディーム（超正統派）と呼ばれるこうした熱心な人々は実は人口の 2 ％程度で、ユダヤ社会の中でもかなり特殊な存在だということでした。日本に来たことのない外国人が、日本といえばいまだに「フ

ジヤマ、ゲイシャ、ハラキリ」と思っているのも無理はないと思いました（イスラエル情勢はその後大きく変わっており、渡航に際しては最新情報をお調べください）。

嘆きの壁の前で祈る超正統派ユダヤ教徒

6

枕元にメモ帳を

● **一瞬を逃さない**

　ひらめきは突然やってきて、一瞬のうちに消え去ります。その一瞬を逃すと永久に戻ってきません。ですから、その場ですぐメモを取ることが大切です。私の場合、一番よくアイディアを思いつくのは深夜２時か３時頃です。脳は眠っている間も活動しています。アイディアが「降臨」してきたときに備えて、枕元には常にメモ帳を置いています。私のメモの取り方は次の通りです。

メモの取り方

・半分眠った状態のままで「殴り書き」する。決して明かりをつけたり起きたりしない。

・メモをするのは1枚の紙に一つだけ。

・なるべく平仮名だけでメモをする。漢字で書くと、あとで自分でも読めないことがある。

　一度「降臨」し始めると、次々にアイディアが湧いてきて、一晩に20枚も30枚もメモをすることがあります。でも、決して明かりをつけて起きたりはしません。起きてしまうと次に眠れなくなって、健康を害する心配があるからです。

　書き出したメモは翌日に「判読」して、きちんと読めるようにしておきます。私の仕事の大半は、こうして深夜に湧いてくるアイディアによって方向づけられ、形作られていきます。

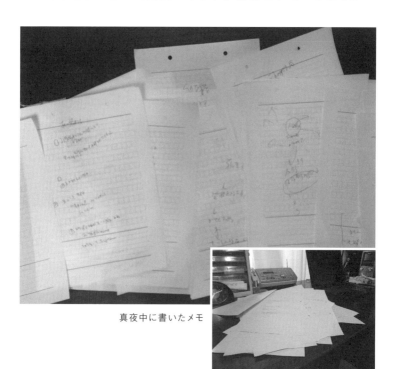

真夜中に書いたメモ

第 ⑦ 章

実践編

ブログ・SNSへの投稿

文章を書く練習の場として、ブログやSNSを利用するという方法があります。これならどんなにヘタでも、誰の迷惑にもなりません。1日のアクセス数が表示されたり、フォロワーがついたりして励みにもなります。

ブログやSNSに投稿する場合も、これまで説明してきたような手順を踏んで、「何を」「どんな順番」に書くかといった程度の下書きメモを作ったほうが、よい文章に仕上がります。もちろん、手順を踏まずに心の赴くまま書くのもアリです。ただし、その場合でも**何をメッセージとして伝えたいかは明確に意識してください。**また、人を傷つけるような内容は絶対に書いてはなりません。

1 読んだ本の紹介をする

読んだ本をもとに読書感想文を書いたり、他人に紹介したり

する機会はけっこうあります。そうした場合、次の手順でやってみてください。第6章で紹介した「読書ノート」を見ながらやると、驚くほど簡単に書けてしまいます。

① その本の中で気に入った言葉ベスト3を選ぶ。

② なぜその言葉が気に入ったか理由を述べる。

③ その言葉をこれからの人生でどのように生かしたいかを述べる。

［実践］

　　読み終わった本を簡単な紹介文を付けてフリマアプリで出品すると仮定します。紹介文の例を一つ挙げますので、皆さんもそれにならって書いてみてください。分量は600字程度を目安とします。フリマアプリでの出品なら、手順①だけでも十分かもしれません。

『すばらしい人体』

山本健人 著　ダイヤモンド社

2021年 8 月 第 1 刷発行　定価1870円

　人間の体は実によくできている。この本はその一端を外科医である著者がわかりやすく解説したものである。例えば、スマホを上下に動かしながら動画を撮ると画面が揺れて見られたものではない。しかし、人間が顔を上下に動かしても、見ているものが揺れることはない。また、人間は食べ物と一緒に空気も飲み込む。それが口から出るとゲップになり、肛門から出るとおならになる。肛門は「実弾」か「空砲」か「液体」かを瞬時に判断できる素晴らしい能力を備えている。しかし、まれに下痢をしているとき空砲と液体を間違えることもある。そのほか、目の仕組み、循環器、肺、胆汁、すい臓、肝臓、がん、生活習慣病、免疫、アレルギー、糖尿病、エコノミー症候群、聴診器の話など、興味深いテーマがわかりやすく解説されている。

　一方、医学がこれまでどのように発展してきたかについての記述も興味深い。例えば、外から細菌が侵入することによって病気が引き起こされることがわかったのは、ようやく19世紀になってからである（コッホ）。これにより細菌を殺すことができれば病気を治療できるという発想が

生まれた。こうしてペニシリン、抗生物質が発見された。

　この本を読んで改めて人体の神秘さを感じた。普段、健康でいるときは自分の体のことに全く無頓着であるが、もう少し関心を持たなければいけないと思った。

2 ブログを書く

　私が書いたエッセイを掲載します。起承転結を意識して書いてみました。駄文ですが、書き方の参考にしていただければ幸いです。

私の資産運用

　妻には内緒であるが、これまで株式投資で被った損失は8桁になる。一般に、株式投資で儲けている人は1割で、2割がトントン、あとの7割は損をしているといわれる。私もしっかりこの7割の口である。それでも「いつかは一財産築くぞ」という気持ちから株式投資を続けてきた。

　私が株を買うときの基準の一つは社長の器である。社長が気に入ったら買う。たとえ少額でも株を買うことによってその会社を応援（共同経営？）している気分になれ

る。私が注目したのは孫正義氏のソフトバンクであった。1999年の頃である。インターネットへの期待が高まるにつれ、ソフトバンク株は連日値上がりし始めた。もともと1株50円だった株が、3万円、4万円、5万円と値上がりしていく。ついに我慢ができなくなって8万円で100株購入した。なけなしの全財産をはたいて勝負に出た。1カ月後、19万8000円まで値上がりした。「やったー、1カ月で1000万円の儲け……」。しかし、これがバブルだったとは知る由もない。山高ければ谷深し。その直後バブルが破裂し、結局500万円余りの損失を出してしまった。株式投資ではあまりよい思い出はない。

　2010年に転機が訪れた。たまたま野村證券のシニアエコノミスト西澤隆氏の講演を聞く機会があった。西澤氏は講演のなかで「人口減少社会の到来によって郊外の4LDKの家は需要がなくなり、一番先に値崩れする。これからは『まちなか居住』が増える。なぜなら、高齢者は車を運転するのが辛くなり、都心に回帰するからである。高齢者が求めるのは、バリアフリー、駅や商店街に近く医療サービスを受けやすいという条件である」と述べておられた。

　アベノミクスが始まった2012年、「都心は買いだ」と思った私は、資産運用の主戦場を株式投資からマンション投資に移した。「金融緩和によって再びバブルが起きる」

と予測したからである。大手の建築会社が手掛けた物件で、JR環状線内側の駅から徒歩5分以内、自分でも住みたくなるような築浅のマンションに限定して探した。そして2013年、初めて投資用の中古マンションを購入した。

　これが思いのほかうまくいった。毎月安定した家賃収入が入り、その最終的な利回りは諸経費を引いても４％以上になった。不動産価格は株式市場と違って乱高下がない。だから、株式投資のように一喜一憂する必要がない。しかも、不動産の値上がりは、たとえそれがわずかであっても、株式投資とは比較にならないくらい大きい。都心のマンション価格は予測通りの展開となり、おかげで株で損をした分を数年で取り戻すことができた。

　70年生きてきて、ようやくわかった。資産運用の基本は、「一攫千金を狙わないこと」と「分散投資」である。今、不動産以外に外貨と金を少しばかり保有しているが、最近、株式投資も再開してみようと思い始めている。ただし短期売買ではなく、４％程度の配当を目的とした長期投資である。資本主義発展の果実を「配当」という形で受け取る。堅実こそ一番。なまじっか一発当ててやろうと思っていると大けがをする。

レポートを書く

1 学生に求められるレポート

● レポートを課す目的

　レポート（report）とは「報告書」のことです。特定のテーマについて調べ、それをまとめたものをいいます。主張と根拠が必要なことは、これまで述べてきた文章の書き方と基本的に変わりません。学生に課されるレポートを類型化すると、おおよそ次のようになります。

① 文系では、指定された著作を読んでその要旨をまとめる。理系では、実験をしてその結果をまとめる。
② テーマが与えられて、それについて調査・報告する。
③ テーマを自分で設定し、それについて調査・報告する。

　①から③になるほど難しくなります。学生の書くレポートは

基本的に、卒業論文のためのトレーニングです。学生はこうしたレポートの作成を通して、資料収集能力、資料の読解力、表現能力などを学びます。理系の場合、実験記録の保存と実験過程の公開が求められます。これは追試（追実験）を可能にするためです。

● レポート作成の基本手順

　レポートの作成要領は、第3章で述べた5段階の基本手順と変わりません。すなわち、

テーマに関する情報を集める（ステップ1）

下書きメモを作り、結論を文章化する（ステップ2）

全体の構成（序論・本論・結論）を考える（ステップ3）

書き始める（ステップ4）

出典を明記し、推敲をする（ステップ5）

第6章までの説明と唯一違うのは「出典を明記」するところで

す。出典を明記することにより、レポートの信頼性を高め、先人に対する敬意を示し、捏造ではないことの証明とします。ここでもステップ３までの書き始める前が勝負です。書き始める前に十分に構想を練り、全体の構成（＝設計図）を完成させ、それから一気に書き上げます。

● レポートのテンプレート

レポートは「自由に論じなさい」という形で求められることもあります。しかし、自由に論じろといっても、好き勝手な形式で書いてよいというわけではありません。レポート特有の「お作法」というものがあります。

レポートの一般的なテンプレートは、最初に「要約」を述べ、そのあと「序論」「本論」「結論」の形式をとります。**起承転結のテンプレートは絶対に使ってはなりません**。

［要約］

> 結論を簡潔に書きます。先生はここだけを読んで、あとは流し読みをするかもしれません。大切なことは最初に書いて、埋もれないようにしましょう。

［序論］

> レポートの目的を明らかにします。必要があれば先行研究や調査方法などについても触れます。分量的には全体の約1割を目安にします。

［本論］

> この部分はレポートの一番重要な部分で、調査した内容を詳述します。ここでは事実だけを書き、自分の意見は書かないことが鉄則です。データや論拠を、図・表・グラフなども用いて示し、説得力のある構成にします。個人的な体験を書くことなどはご法度です。分量的には全体の約8割を目安にします。執筆に際しては、次の点に注意してください。
> ① 「小見出し」や段落を効果的に使う。
> ② 一つの段落は5～10行を目安にする。
> ③ 読み手は段落単位で読み進めるので、一つの段落のメッセージは一つにする。

［結論］

> 事実をもとに自分の意見（主張）を書きます。さらに
> 今回のレポートで言及できなかった「今後の課題」に
> ついて付け加えます。分量的には全体の約1割を目安
> にします。

● 資料の集め方

　日本の大学では、外国文献を日本語に訳して業績とすること
が長い間認められてきました。「象について」という次の文章
は、そうした日本人の学問に対する姿勢を戒めたものであり、
「調べる」とはどういうことか、その本質をついています。

　「象について」という論文を課されたところ、フランス人と
イギリス人は早速動物園で象を観察し、各々「象の恋愛」「象
飼育の収益性」という論文を書いた。ドイツ人は動物園ではな
く図書館に行って万巻の書を読み、「象の本質」という論文を
書いた。日本人も図書館に行って万巻の書を読み、「ドイツに
おける象本質論の系譜」という論文を書いたという。

（長尾隆一『法哲学入門』講談社学術文庫）

　一般に、資料は一次資料と二次資料に分類されます。一次資料とは、テーマに関する大元の情報をいい、二次資料とは、一次資料を加工・編集したものをいいます。学者の世界では一次資料から論文を書くことが基本となります。しかし、一次資料を読みこなすのは大変ですから、学生の場合、二次資料をいかに上手に利用するかがポイントになってきます。**目的の本が1冊見つかれば、巻末の参考文献から「いもづる式」に、関連する本を探し出すことができます。**

● ネット情報利用上の注意

　インターネットから得られる情報は玉石混交です。できるだけ信頼できるサイトを利用することが大切です。信頼できるかどうかの見分け方としては次のようなものがあります。

・発信元が政府や大学などの公的なサイトであれば、信頼度は高い。
・個人や営利企業のサイトでも、「発信者が信頼できる」「連絡先が明記され、引用の出所が明示されている」などの条件を満たしていれば、信頼度は比較的高い。

　ウィキペディアは下調べには手頃な手段です。しかし、ウィ

キペディアに書いてあるからといって主張の「論拠」とすることはできません。ウィキペディアにはまだそこまでの信頼性はありません。ただし、ウィキペディアの出典を頼りに元データを参考にするという利用方法はオススメです。

　また、著作権に対する配慮も必要です。インターネット上のデータは簡単にコピー＆ペーストができるため、「子引き」「孫引き」が横行しています。資料を利用する際はできる限り元データを利用したいものです。また、原文のままのところはカギカッコでくくり、出典を明記し、引用であることを明確にしておきましょう。これを怠ると、悪気はなくとも著作権を侵害する場合があります。

　気に入ったサイトを見つけたら、次のような方法で保存しプリントアウトしておくと、あとで利用しやすくなります。

①テキストをコピーする。
②ワードの「貼り付け」のオプションで、「テキストのみ保持」を選択する。
③役に立ちそうなデータはスクリーンショットでワード文書に一緒に貼り付けておく。
④プリントアウトして保存しておく。

2 社会人に求められるレポート

社会人に要求されるレポートは、出張報告書、調査報告書、提案書など内容も形式もさまざまです。社会人の場合、特に**「簡潔さ」**と**「明瞭さ」**が求められます。2度も3度も読まないと意味がよくわからない文章や、誤解を与える恐れのある文章は絶対に書いてはいけません。

一般に、1万字以内（400字詰め原稿用紙25枚以内）の場合、章立てをする必要はなく、小見出しを付けるだけで十分です。1万字を超える場合は章や節を設けましょう。

［要約］

> 報告書の要点をズバッと書きます。上司はここを見て、あとを読むかどうか決めます。結論先行です。

［序論］

> 報告書の目的や、これまでになされた先行事例、調査方法などについて触れます。

［本論］

本論の書き方も基本的に学生のレポートの場合と同じ
です。本論はレポートの中核をなします。ここでは事
実だけを書き、自分の意見は書かないのが鉄則です。
図・表・グラフなどを用いて、一目でわかる説得力の
ある構成にします。

本論の展開にあたっては、「小見出し」や段落を効
果的に使います。一つの段落は5〜10行を目安にしま
す。読み手は段落単位で読み進めるので、一つの段落
にメッセージは一つにします。

［結論］

事実をもとに、自分の見解（主張）や将来の見通しな
どを書きます。さらに、今回のレポートで言及できな
かった「今後の課題」について付け加えます。

［参考資料］

> レポート作成に用いた参考文献などを記載します。そ
> れによりレポートの信頼性が増します。

③

論文を書く

● テーマの設定

　論文とは、「問い」があって、「主張」があって、「論証」
があるものをいいます。問いと答えだけでは論文になりませ
ん。必ず「論証」が必要です。論文はレポートなどと違い、ま
だ誰もやったことのないアプローチで行ないます。論文の書き
方は社会人にも有用です。自分の考えを、根拠を持って論理的
に書くトレーニングは説得力の強化につながります。

問いは事前に与えられる場合もあれば、自分で「仮説」を立てて、それを論証していく場合もあります。自分でテーマを設定する場合は、

---

　① なるべくダウンサイジングしてテーマを絞り込む

　② なるべく YES、NO で答えられる形式にする

ことが原則です。「人生とは何か」「哲学とは何か」「幸福とは何か」といった、一生かかっても答えが見つからないようなテーマは、そもそも論文には向きません。なるべくテーマを絞り込んで、深く掘り下げることが論文の基本となります。テーマの設定の仕方によって研究成果が大きく違ってくるので、事前に予備調査をするなど、慎重にテーマを決める必要があります。

● 論文の一般的な形式

　論文には厳格な形式が求められます。その形式を無視すると低い評価をされてしまいます。「起承転結」の形式は絶対に使ってはなりません。論文の一般的な形式は次のような体裁をとります。

タイトル

著者名　　　　所属

要約

序論

研究の目的や意義について述べます。これまでの先行研究のほか、論証の方法、この論文で明らかになったことなどを簡潔に示します。これによって、読者はどこへ連れていかれるかが明確になり、読み手の理解を容易にします。

本論

論文の一番重要な部分で、自分の主張したいことの根拠を示します。ここが説得力を持たないと、論文の価値は

ゼロになります。

・事実を中心に記述する。

・裏話やエピソード、個人的な体験は書いてはいけない。

・主張を裏付けるデータや論拠を、図・表・グラフなど
　を用いて説明する。

・感情に訴えることは論拠にはならない。

・引用文は「　　」でくくるか、または2字ほど下げたり、
　ポイントを落としたりして、引用であることを明確に
　する。

本論の展開にあたっては、章立てや節、段落を効果的に
使います。一つの段落は5〜10行を目安にし、一つの段
落にメッセージは一つとします。

結論（考察）

ここで「新たに付け加えたこと、または主張したいこ
と」を再度述べ、さらに今回の論文で言及できなかった
「今後の課題」について付け加えます。

> **参考文献**
>
> 最後に「参考文献」のリストを付けます。「著者名」
> 『書名またはタイトル』「出版社」「発行年」等を明記し
> ます。参考文献を明記するのは、一つには先人の研究成
> 果に敬意を表するためであり、一つには第三者がチェッ
> クすることを可能にするためです。

● 推敲する

　書き上げたらしばらく冷却期間を置き、できればプリントア
ウトして読み直します。論理的なミスはないか、表現のわかり
にくいところはないか、誤字脱字はないかなどを点検します。
特に漢字のミスは、たとえ1字であっても「いい加減に書いた
のではないか」と、論文全体の信頼性を疑わせることになりか
ねません。そういう意味で、論文を書くうえで一番大切なこと
は、最後の推敲にあるといってもよいかもしれません。推敲の
チェックポイントは第5章第2節で説明したので、詳しくはそ
ちらをご覧ください。

● 長い文章を書く際の一般的注意

　論文や単行本のように、原稿用紙100枚とか200枚といった

長い文章を書くとき、大切なことが三つあります。

　第一に、執筆を始める前に**最初に目次（または全体のアウトライン）を作成**することです。これは一種の「下書きメモ」ともなります。それをやっておかないと、書いている最中で迷子になってしまいます。50階建てのタワーマンションを造るとき、工事にかかる前に設計図が完成していなければならないのと同じです。目次は、最初は順番をあまり気にせずワープロソフトでベタ打ちし、あとで順番を組み替えて作成します。

　第二に、執筆を始める前に**情報の収集を完了**しておくことです。書きながら追加的に情報を集めると、途中で思考が中断されます。そうすると論理に断絶が生じやすくなります。

　第三に、書き始める前に**結論（または仮説）を確定**させておくことです。

　この本を書くときも、まず目次を考え、必要な資料を集め、伝えたいメッセージ（「文章を書くのが苦手な人は下書きメモを作りなさい」）を確定させてから書き始めました。その後、8回も9回も書き直してようやく完成しましたが、「文章を書くのが苦手な人は下書きメモを作りなさい」というメッセージはぶれていません。

【小論文の事例】

> 「選択的夫婦別姓」に賛成か反対か。あなたの考えを自由に述べよ。

　本格的な学術論文というのはこの本の目的になじまないと思いますので、論文というよりはレポートに近い形にし、注釈も入れないで読みやすく書いてみました。1万字以内なので、序論、本論以外は小見出しを付けて対応しています。なお、「自由に述べよ」とありますが、これは、**「結論は賛成でも反対でもどちらでもいいですよ」という意味の自由であって、どんな書き方をしてもいいという意味ではありません**。論文にふさわしい「作法」に基づいて書くことが必要です。なお、語尾は「〜である」調が基本です。

> **序論**
>
> 　1980年代から、夫婦別姓を認めるべきだという主張が世界的に広がり、各国で次々と法改正がなされるようになった。日本でも同様の主張が高まり、1996年の民法改正要綱では、夫婦別姓を認める答申が出された。しかし、国会が動かなかったために、新たな立法は見送られた。

今なぜ夫婦別姓を求める声が高まっているのか。最大の理由は、この問題の本質が女性の社会的地位に関わることだからである。すなわち夫婦同姓を強いるのは、「女性は男性（あるいは家）の付属物であるという考え方が根本にあり、時代に合わない」からである。結婚に際し、姓の扱いをどのようにすべきか。以下、選択的夫婦別姓は認められるべきであるとの立場から論じたい。

日本における家族法の歴史

　明治になって四民平等を実現するために、すべての人が姓を持つようになり、戸籍が作られた。家族というものを考えるとき、そこには二つの基本的な考え方がある。一つは家族の一人ひとりを尊重する「個人主義」であり、もう一つは家族を一つの単位とみなす「集団主義」である。

　明治政府は、1890年、フランス民法をモデルにした個人主義的な民法典（→旧民法）を公布し、93年から施行することを定めた。これに対し穂積八束は「民法出デテ忠孝亡ブ」と論じ、民法典論争を展開した。結局、論争は穂積らの勝利に終わり、1898年にドイツ民法をモデルとした集団主義的な明治民法が施行された。

　もともと日本では、源頼朝の妻が北条政子であったように、明治民法の成立までは東洋法の伝統に従って夫婦別姓とされていた。特に武士や公家の間では、妻が生家の苗字

208

を名乗るのは、その威光を高めるために当然のこととされた。しかし、明治民法では「妻ハ婚姻ニ因リテ夫ノ家ニ入ル」（第788条）と規定され、夫婦は同じ「家」に所属するものとして同姓となった。ここに、家父長制度を徹底した日本型近代家族制度が誕生した。

　第二次世界大戦後、民法は改正されて家制度は廃止された。姓に関しては「夫婦は、婚姻の際に定めるところに従い、夫または妻の氏を称する」（民法750条）と定められた。すなわち、夫婦どちらの姓を名乗ってもよいことになった。とはいうものの、実際には妻が夫の姓を名乗るのがほとんどだ。男性が女性の姓を名乗るのは2.3％であり、その大半は婿養子だといわれている。今の法律の下で女性がどうしても旧姓を名乗り続けたい場合は、「通称」として使うか、または婚姻届けを出さずに「事実婚」として二つの表札を出すしかない。

各国の動向

　では、各国の状況はどうなっているのであろうか。参考文献の【4】に基づいて、代表的な国について紹介したい。

【イギリス】

　夫婦同姓、別姓、途中からの改名もすべてOKである。そもそも個人の名前をどうするかは当人が決めるべきもの

であって、国が法律で決めるべき筋合いのものではないと
される。一般に、労働者階級は結婚して夫の姓にしたいと
望むものが多く、高学歴・高収入の共働きの中流世帯では
別姓が多くなるという。また、上流階級になると、「first
name, middle name, last name」のうち、先祖につなが
る血筋を誇るmiddle nameを入れたり、両家の名門家系の
名をとどめるために連結姓（夫の姓と妻の姓を並べたりハ
イフンでつないだりする）にしたりすることが多い。

【スウェーデン】

　土屋美保さんという知り合いの日本人女性がスウェーデ
ンの男性と結婚し、スウェーデンに住んでいる。スウェー
デンの事情をうかがったところ、「こちらでは奥さんの
姓をとったりご主人の姓をとったり別姓を名乗ったりいろ
いろです。でも、やっぱり男性の姓を名乗るケースが
一番多いです」ということであった。ちなみに彼女は、
公式書類上は旧姓をmiddle nameに入れ「Miho Tsuchiya
Bjorklund（ビヨルクルンド）」を名乗っている。ただ
し、子どもの姓は夫の姓しか認められていないらしい。

【フランス】

　フランスでは生まれたときの姓が一生そのまま続き、結
婚によって姓が変わることはない。例えば、山田夏樹さん
がフランス人のプラドさんと結婚した場合のパスポートは

姓　　　YAMADA

　　通称　PRADO

　　名前　NATSUKI

と書かれている。日常生活では NATSUKI YAMADA‐PRADO と連結姓を名乗っていたが、YAMADAがフランス人には読みにくいので、今は NATSUKI PRADOを名乗っているとのことである。

【ドイツ】

　現在は法改正されて、夫の姓、妻の姓、別姓、連結姓など自由に名乗ることができる。実際には夫の姓を名乗る人が74％と最も多い。

【アメリカ】

　夫の姓、妻の姓、連結姓、別姓、全く新しい姓を創作するなど自由である。ちなみに、John Fitzgerald Kennedyのミドルネームは母方の姓である。

【中国】

　古くは「三従の教え」として有名な儒教の影響で、女性は男性の付属物でしかなかった。妻の社会的な存在意義は子孫を絶やさないための子作りにあるとされた。したがって、結婚しても夫の姓を名乗ることはできず（毛沢東の夫人は江青であり、毛青とはならない）、女性蔑視という意味での夫婦別姓であった。家系図の中でも名前が載るのは男性だけで、女性の名前が系図に記されることはなかった。

ところが、中国が社会主義国家になった後、男女平等を実現するために「夫婦別姓」を定める婚姻法が1950年に成立した。ただしその場合も、子どもの姓は父親の姓とされた。

【韓国】

　韓国は「絶対的夫婦別姓」といわれ、女性差別が最も激しい国であった。すなわち、結婚しても女性は夫の姓にすることは許されなかった。また、子どもの姓も父親の姓が絶対であった。だから家族の中で父親と子どもがみな同じ姓であるのに、母親や祖母だけが異なる姓であり、韓国ではそれが当たり前とされてきた。しかし、女性の社会的地位を高めるための運動が展開された結果、2005年にこうした法律（民事令）は廃止された。

集団主義的家族観の崩壊

　第二次世界大戦後、日本は大きく変わった。高度経済成長を経て、明治以来の集団主義的な家族観が崩壊し始め、「家族の個人化」が始まった。その背景には、①経済成長とともに人口が農村から都市へ移動し核家族が増えたこと、②女性の高学歴化が進み、結婚しなくても自立して生活できる女性が増えたこと、③電化製品をはじめとする便利な商品が普及したこと、などがある。さらに、都市化により、適齢期の男女に「結婚」を迫るという社会的圧力が

弱まったことや、社会保障制度が整備されたことも個人の自由度を高めた。その結果、どのような人生を選択するかという「自己決定権」が強調され、離婚、非婚（家族を形成しない）、未婚の母、パラサイトシングル（親と同居して豊かな生活を楽しむ独身者）、DINKS（結婚しても子どもを作らないで豊かな生活を楽しむ）といった新しい形態が次々に生まれた。

　1980年代に入ると、「選択的夫婦別姓」問題は、女性の社会的地位向上を目指す運動として日本でも議論されるようになった。すなわち、夫の姓を名乗ることにより次のような不利益があるとして、主に女性側から異議申し立てがなされるようになったのである。

① 結婚して夫の姓を名乗ることによって、手続き上または職業上の不利益を被る。

② 法律上は夫または妻のどちらの姓を名乗ってもよいとはいえ、圧倒的多数は妻が夫の姓に変更している。これでは「男女平等」とはいえない。

③ 夫の姓を名乗ることは、「家の嫁」という服従的な地位を妻に強いる。

夫婦別姓か夫婦同姓か

　夫婦別姓に消極的な論拠として、次のような点が挙げられる。第一に、夫婦同姓によって家族としての一体性を維

持できること。第二にお墓などの祭祀条項には夫婦同姓の前提が残っており、その法的整合性を保つ必要があること。第三に、民法750条は「夫または妻の氏を称する」と定めており、男女平等の原則も満たしていることなどである。実際に最高裁もこれまで2度「現在の民法750条は憲法第13条に違反しない」という判決を出している。2015年には10対5で合憲、2021年には11対4で合憲であった。確かにアイデンティティの喪失や社会生活上の不利益はわからないではないとしながらも、結局、どちらの姓を名乗るかは法律の問題であるから、それは国会が決めるべきだというスタンスである。

　しかし、そうした最高裁の判決にもかかわらず、それでも私は夫婦別姓は認められるべきだと思う。その理由として、次の3点を挙げたい。

　第一に、夫婦同姓の原則には「家」意識の残滓がある。戦後、「家」制度は廃止されたとはいえ、今日においても結婚式は「〜家」と「〜家」の結びつきである。「家」意識の名残が依然として残されているのである。上野千鶴子【1】はこうした「家」意識の問題をさらに鋭く批判する。上野によれば、夫婦同姓の核心にあるのは「妻が実家との絆を断ち切ること」であり、妻が夫の「家」に入ることによって、妻の実家の影響力が及ばないようにするためだという。そして、夫婦同姓により、夫の妻に対する完全

な支配＝家父長制が完成すると主張し、夫婦別姓が戦う相手は、この家父長制的な家族制度というしぶとい敵だとする。

　第二に、夫婦同姓は夫婦の性別役割分担を固定化する恐れがある。日本では長い間、男は外で働き、女は家庭に入って家事や育児に従事するものだと考えられてきた。夫婦同姓は夫の「家」の嫁としての役割を強制する役割を果たしてきたのである。しかし、女性の社会進出が進み、経済的に自立する女性が増えた現代にあって、そうした夫婦の役割分担はそぐわない。

　第三に、結婚前に活躍していた女性が、結婚と同時に姓が変わったため、不利益を被ることも無視しえない。個人のアイデンティティを確立するためにも夫婦別姓が必要である。

結論

　現在議論されているのは「選択的夫婦別姓」の導入である。全員に夫婦別姓を強制しているわけではない。「別姓にしたい人はどうぞ」といっているだけである。夫婦別姓に反対の岩盤派は、自民党の中でも１〜２割だといわれている。グローバル化が進む中で、結婚によって女性の姓が変わることによる職業上の不利益は決して小さくはない。管理職に占める女性の割合が日本では極端に少ないこと

も、夫婦同姓と無縁ではない。過度の「家」意識をなくし、性別役割分担を見直し、さらに個人のアイデンティティを確立するために、選択的夫婦別姓は認められるべきである。男女雇用機会均等法が女性の地位を高める役割を果たしたのと同じように、民法750条を早急に改正して、法律面から真の男女平等の実現を後押しすべきだと私は考える。

参考文献

【1】 上野千鶴子『近代家族の成立と終焉』岩波書店、1994年
【2】 内田貴、大村敦志編『民法の争点』有斐閣、2007年
【3】 大村敦志『家族法（第2版）』有斐閣、2002年
【4】 栗田路子、冨久岡ナヲ、プラド夏樹、田口理穂、片瀬ケイ、斎藤淳子、伊東順子 『夫婦別姓 – 家族と多様性の各国事情』ちくま新書、2021年
【5】 清水浩昭、森謙二、岩上真珠、山田昌弘編『家族革命』弘文堂、2004年
【6】 高橋菊江、折井美耶子、二宮周平『夫婦別姓への招待』有斐閣、1993年

参考文献

主要参考文献

1. 池上彰『考える力がつく本』プレジデント社、2016年
2. 池上彰『何のために伝えるのか』KADOKAWA、2022年
3. 池上彰、佐藤優『僕らが毎日やっている最強の読み方』東洋経済新報社、2016年
4. 泉 収『伝わるメモは図解が9割！』自由国民社、2022年
5. 井田良、山野目章夫、佐渡島紗織『法を学ぶ人のための文章作法 第2版』有斐閣、2019年
6. 小笠原信之『伝わる！文章力が身につく本』高橋書店、2011年
7. 小熊英二『基礎からわかる論文の書き方』講談社現代新書、2022年
8. 木下是雄『レポートの組み立て方』ちくまライブラリー、1990年
9. 粂原圭太郎『偏差値95、京大首席合格者が教える「京大読書術」 仕事にも勉強にも必須な「理解力」と「連想力」が劇的に身につく』KADOKAWA、2019年
10. 黒木登志夫『知的文章術入門』岩波新書、2021年
11. 古賀史健『20歳の自分に受けさせたい文章講義』星海社新書、2021年
12. 斎藤淳『10歳から身につく問い、考え、表現する力』NHK出版新書、2014年
13. 斎藤孝『書ける人だけが手にするもの』SB新書、2022年
14. 斎藤孝『究極 読書の全技術』KADOKAWA、2022年
15. 佐藤優『読書の技法』東洋経済新報社、2012年
16. 鮫島浩『朝日新聞政治部』講談社、2022年
17. 『週刊東洋経済』2019年11月23日号『NHKの正体』
18. 辰濃和男『文章の書き方』岩波新書、1994年
19. 読書猿『独学大全』ダイヤモンド社、2020年
20. 戸田山和久『新版 論文の教室－レポートから卒論まで』NHKブックス、2012年
21. 外山滋比古『思考の整理学』ちくま文庫、1986年

22. 外山滋比古『忘れる力 思考への知の条件』さくら舎、2015年

23. 長尾龍一『法哲学入門』講談社学術文庫、2017年

24. 中川勇樹『テレビ局の裏側』新潮新書、2009年

25. 廣津留すみれ『私がハーバードで学んだ世界最高の「考える力」』
    ダイヤモンド社、2020年

26. 藤沢晃治『「分かりやすい説明」の技術』講談社BLUE BACKS、2002年

27. 藤沢晃治『「分かりやすい表現」の技術』講談社BLUE BACKS、1999年

28. 藤原和博『本を読む人だけが手にするもの』日本実業出版社、2015年

29. 平和博『朝日新聞記者のネット活用術』朝日新書、2012年

30. 松林薫『新聞の正しい読み方』NTT出版、2016年

31. 山本健人『すばらしい人体』ダイヤモンド社、2021年

32. 渡辺雅子『納得の構造』東洋館出版社、2004年

おわりに

　本書は、私が高校教師として40年にわたって蓄積してきたノウハウを、学生や社会人向けに新たに書き起こしたものです。今回の出版にあたって、日本人はなぜ「書く」のが苦手なのだろうかと改めて考えてみました。そしてたどり着いた答えが、日本では無言の同調圧力が働く結果、自分の意見を表現することを避けるようになったためではないかというものでした。日本で、人間が一人ひとり「違って当たり前」ということが法的に認められたのは、第二次世界大戦後です。「すべて国民は個人として尊重される」（憲法13条）とありますが、この精神がいまだに実現していないのが日本社会です。映画『男はつらいよ　フーテンの寅』の中で、寅さんが語るセリフにこんなのがありました。「俺とあんたは違うんだよ。俺がイモ食ってあんた屁をこくか？　こかないだろ。俺とあんたは違うんだよ」。「個人」というものを鮮やかに描き出しています。18世紀の哲学者ヴォルテールは、「私はあなたの意見には反対だ。しかし、あなたが意見を述べる権利は命がけで守る」と語っています。しかし、残念ながら日本では、市民としての「個人」が十分に成熟しているとはいえません。その結果、みんなが右を向いているときに「左」と主張したり、みんなが左を向いて

いるときに「右」と主張したりすることには、かなりの勇気と覚悟がいります。それが 「無言の同調圧力」を生み、自分の主張を書いて表現することを苦手にしているのではないか、という気がするのです。

　ただし本書では、どうすれば一人ひとりが自分の意見を持つことができるようになるかについては全く触れておりません。テーマが大きすぎて扱いきれなかったからです。この本では、もし何か訴えたいことができた場合に備えて、そのための必要十分条件として、書き方（型と手順）および普段から体系的な知識と幅広い教養を蓄えておくことの大切さの２点に限定して解説しました。本書を読んで、一人でも多くの人に「文章が書けるようになった」といってもらえることを願っています。

　私自身、文章を書くための専門的なトレーニングは受けたことがありません。それにもかかわらず、私にこのような執筆の機会をいただいたことに、心から感謝を申し上げます。特にベレ出版の内田真介社長には、この本のタイトルのご提案をいただきました。私の書きたかった内容がズバリ表現されています。もし、類書にはない特徴が本書に少しでもあるとすれば、内田社長のおかげです。この場を借りて厚くお礼を申し上げます。また、編集を担当していただいた森岳人様には執筆の過程で多くの有益な助言をいただきました。心から感謝していま

す。さらには、一次原稿の段階から通読し、有益なコメントをしてくれた長女の理恵にもお礼をいいます。そのほか、これまで私のつたない論文指導を受けてきたたくさんの高校生の皆さんにも感謝の意を表します。彼らとの出会いがなければこの本は生まれませんでした。

　私ももう古希を過ぎました。この本は文章を書くのが苦手な人へのエールとして、文字通り私のライフワークのつもりで書きました。最後までお読みいただきありがとうございました。

（2023年3月記）

■ 著者紹介

南英世（みなみ・ひでよ）

▶1951 年生まれ、石川県出身。金沢大学法文学部経済学科卒業、大阪府立高等学校元指導教諭（社会科）。論文指導を担当して 40 年、数多くの生徒の文章力を飛躍的に伸ばし、難関大学合格へ導いた。
著書に『学びなおすと政治・経済はおもしろい』『意味がわかる経済学』（以上、ベレ出版）、高等学校用教科書『政治・経済』『現代社会』『社会と情報』（以上、共著、第一学習社）、その他『政治・経済指導書』『小論文の書き方』『国語便覧』など多数。
南英世の政治・経済学教室　http://homepage1.canvas.ne.jp/minamihideyo/index.htm

● ── デザイン・DTP　　Isshiki
● ── イラスト　　　　　いげためぐみ
● ── 校閲　　　　　　　曽根信寿

文章を書くのが苦手な人は「下書きメモ」を作りなさい

2023 年 4 月 25 日　　　初版発行

著者	南 英世
発行者	内田 真介
発行・発売	ベレ出版 〒162-0832　東京都新宿区岩戸町12 レベッカビル TEL.03-5225-4790 FAX.03-5225-4795 ホームページ　https://www.beret.co.jp/
印刷	モリモト印刷株式会社
製本	根本製本株式会社

ISBN 978-4-86064-721-6 C0030　　　　　　　　　　　　　　　編集担当　森 岳人